Robert A. Johnson wurde 1921 in Portland, Oregon, geboren. Er studierte an verschiedenen Universitäten und am C.-G.-Jung-Institut in Zürich. Später folgten Aufenthalte in England und in Indien, wo er sich in die Hindu-Epen vertiefte. Der Schwerpunkt seiner Arbeit ist die Synthese von Christentum und dem Werk C. G. Jungs. Robert A. Johnson ist Gründer und Leiter des Besinnungszentrums St. John's House bei San Diego.

Vollständige Taschenbuchausgabe 1987
Droemersche Verlagsanstalt Th. Knaur Nachf., München
Lizenzausgabe mit freundlicher Genehmigung
der Walter-Verlags AG, Olten
Copyright © 1981 by Walter-Verlag, Olten
Titel der Originalausgabe »He! A Contribution to Understanding
Masculine Psychology«
© 1974 by Religious Publishing Co., King of Prussia, Pa.
»She! A Contribution to Understanding Feminine Psychology«
© 1976 by Religious Publishing Co., King of Prussia, Pa.
Umschlaggestaltung Adolf Bachmann
Druck und Bindung Elsnerdruck, Berlin
Printed in Germany   5 4 3 2 1
ISBN 3-426-03820-X

Robert A. Johnson:
Der Mann · Die Frau

Auf dem Weg zu ihrem Selbst

ISBN 3-426-03820-X 980

INHALTSVERZEICHNIS

ER
Zum Verständnis der männlichen Psyche auf der Grundlage der Gralslegende

Einführung von John A. Sanford: Mythologie und unser Wissen über Gott 9

Kapitel 1–10 15–98

Anhang

Kurzfassung der Gralslegende nach Chrétien de Troyes   99
Literaturhinweise 103

SIE
Zum Verständnis der weiblichen Psyche auf der Grundlage des Mythos von Amor und Psyche

Einführung 107
Kapitel 1–13 111–185

Anhang

Literaturhinweise 186
Übersetzernotiz 187

ER

ZUM VERSTÄNDNIS
DER MÄNNLICHEN PSYCHE

Auf der Grundlage der Gralslegende
und der Psychologie C. G. Jungs

Einführung von John A. Sanford

MYTHOLOGIE UND UNSER WISSEN VON GOTT

Einfachen Menschen waren Mythen stets etwas Heiliges. Es war so, als ob ihre Mythen ihre ganze Seele erfüllten. Ihr Leben war eingebettet in ihre Mythen, und der Tod ihrer Mythologie – wie zum Beispiel bei den nordamerikanischen Indianern – war gleichbedeutend mit der Zerstörung ihres Lebens und ihres Glaubens.

Demgegenüber bedeutet für die meisten modernen Menschen das Wort Mythos ein Synonym für Täuschung oder Illusion. Das erklärt sich aus der fehlgeleiteten Vorstellung, Mythen seien so etwas wie die kindische Art alter Leute, natürliche Erscheinungen zu erklären, die die Wissenschaft doch so viel besser erklären kann.

Einige Psychologen und Anthropologen helfen uns freilich, Mythen in einem anderen Licht zu sehen. Sie helfen uns auch, zu verstehen, daß Mythen unterschwellige psychische und innere, geistige[1] Prozesse der menschlichen Seele wiedergeben. C. G. Jung vornehmlich hat mit seiner Theorie vom kollektiven Unbewußten dargelegt, daß Mythen unmittel-

---

[1] Anm. d. Ü.: Im englischen Original bedeutet spiritual «geistig» im Sinne von immateriell, nicht-körperlich, was die Welt der Geister einschließt; sehr verschieden davon ist der deutsche Sprachgebrauch, der Geist als Erzeugnis des Verstandes begreift, näher dem französischen esprit. Keine englischgeschriebene Zeitung würde ihr Feuilleton «Die geistige Welt» nennen, wie es in Deutschland üblich ist.

bare Darstellungen des Unbewußten von psychischen und inneren geistig-göttlichen Wahrheiten sind. Für Jung haben Mythen Bedeutung für jedermann, weil sie in Erzählform «Archetypen» darstellen, das sind Grundmuster des Lebens, die immer und überall gültig sind.

Im allgemeinen hat ein Mythos die gleiche Bedeutung für die Menschheit wie ein Traum für das Individuum. Dem einzelnen Menschen offenbart der Traum eine sehr wichtige Wahrheit über ihn selbst. Ein Mythos zeigt eine ebenso wichtige Wahrheit für *alle* Menschen. Ein Mensch, der seine Träume versteht, versteht sich auch selbst besser. Ein Mensch, der die innere Bedeutung einer mythischen Erzählung greifen kann, berührt universelle psychisch-göttliche Fragen, die das Leben an uns alle stellt.

Von allen Mythen des «westlichen» Menschen ist die Erzählung vom Heiligen Gral einzigartig. Einmal ist sie der jüngste aller Mythen. Während seine Quellen alte Schriften sind, ebenso wie christliche Motive, nimmt die Erzählung vom Heiligen Gral im 12. und 13. Jahrhundert seine eigentliche Gestalt an. Verschiedene Darstellungen erscheinen ziemlich gleichzeitig in Frankreich, England, Wales, Deutschland und in anderen europäischen Ländern, so als ob ein ungeheures untergründiges Leben plötzlich ans Licht stößt. Sein christlicher Gehalt, der jüngste Ursprung und seine Herkunft aus europäischer Erde machen die Legende besonders bedeutungsvoll für die spirituelle Lage des modernen «westlichen» Menschen.

Das vorliegende Buch entspringt einer Serie von Vorlesungen über den Heiligen Gral an der St. Episcopal Kirche in San Diego im Frühjahr 1969. Robert A. Johnson hat dort diese Vorlesungen gehalten. Seine Abhandlung über den Heiligen Gral steht auf den Grundlagen der Psychologie von Carl Gustav Jung. Es ist sicher hilfreich, einige der wichtigsten Züge dieser Psychologie zu skizzieren.

Eine zentrale Vorstellung in Jungs Psychologie ist das Konzept der Individuation, der Selbstfindung. Individuation ist der lebenslange Prozeß, in dem ein Mensch ganz und vollständig wird, wie Gott es mit ihm vorhat. Sie umgreift die stufenweise Entfaltung seines (oder ihres) Bewußtseins sowie die wachsende Fähigkeit der bewußten Person, über ihr ganzes Selbst zu reflektieren. Das Ich kann als Zentrum des Bewußten angesehen werden, das «Ich» in uns, *der* Teil von uns, mit dem wir auch bewußt identifiziert werden. Das «Selbst» ist hingegen der Name, der der totalen Persönlichkeit gegeben wird, die potentielle Person, die von Anfang an in uns steckt und die danach trachtet, beachtet zu werden, und die durch das Ich ausgedrückt wird.

Im Prozeß der Individuation ist das Individuum in psychische und geistige Probleme von großer Komplexität hineingestellt. Ein schwieriges Problem dabei ist stets die Aussöhnung mit dem Schatten, der dunklen, unerwünschten, gefährlichen Seite in uns, die uns mit unserem bewußten Verhalten und mit unseren Idealen in Konflikte bringt, mit der aber jeder von uns einmal irgendwann zusammenstoßen muß, um vollständig zu werden. Die Zurückweisung des Schattens führt zu einer Spaltung der Person und zur Errichtung eines Zustandes der Feindschaft zwischen Bewußtsein und dem Unbewußten. Annahme und Integration des persönlichen Schattens sind immer schwierig und mit Schmerzen verbunden, führen aber zum Aufbau eines psychischen Gleichgewichtes und einer Einheit, die auf anderem Wege nicht zu erreichen ist.

Schwieriger noch ist es für einen Mann, seine unbewußten femininen Elemente, und für die Frau, ihre unbewußten maskulinen Elemente in die eigene Person einzubeziehen. Einer von Jungs großen Beiträgen war sein Beweis, daß alles menschliche Sein zweigesichtig ist. Es ist eine Mischung von beidem, von männlichen und von weiblichen Elementen. Ein Mann identifiziert sich freilich meist mit seiner männlichen Seite und trägt seine Weiblichkeit gleichsam an seiner inneren Seite. Bei einer Frau ist es umgekehrt. Diese «innere Frau» in einem Manne nennt Jung die anima und den «inneren Mann» in einer Frau den animus.

Der Einschluß femininer Elemente in einem Manne ist eine Sache von größter psychischer Feinheit und Schwierigkeit. Ehe er beide Seiten nicht vervollständigt, kann er nicht hoffen, in das volle Geheimnis seines Selbst einzudringen.

Die Erzählung vom Heiligen Gral tauchte zu einer Zeit in der Geschichte auf, als die weibliche Seite im Manne auf neue Weise bewußt zu werden begann. Die Grals-Erzählung handelt in erster Linie von der Schwierigkeit und von der Bedeutung des Kampfes im Manne, seine feminine Seite bewußt zu machen und Kontakt mit ihr aufzunehmen. Die Erzählung ist aus diesem Grunde vor allem eine Erzählung darüber, wie sich die Individuation in einem Manne abspielt. Der männliche Leser dieses Buches mag die großen Meilensteine seines psychischen Lebens erkennen, die mit fortschreitender Erzählung vor ihm auftauchen. Da Frauen mit Männern leben müssen, sollten auch sie den Gehalt der Grals-Erzählung von großem Interesse für sich finden; es wird ihnen helfen, Männer an den Kreuzungspunkten ihres Lebens zu verstehen.

Es gibt noch ein drittes Problem. Die Hervorkehrung des Selbst schafft eine besondere Situation gegenüber dem überlieferten Christentum. Die typisch christliche Bewußtseinshaltung hat seit Jahrhunderten gepredigt, nach Vollkommenheit zu streben und ein vollkommenes, tadelsfreies Leben zu führen. Uns wurde immer wieder beigebracht, entgegen dem Evangelium, daß Gott letztlich keine Geduld und Nachsicht für unsere moralische oder seelische Unvollkommenheit oder für unsere dunklen Seiten aufbringt.

In dieser Hinsicht ist der heilige Paulus ein besonderer Vorkämpfer für diese Haltung. An vielen Orten hat er es deutlich gesagt, die von ihm zum Christentum Bekehrten müßten rein sein, tadelsfrei, heilig nur für Gott, ohne Böses, ohne Ränke und ohne Lust. Die Psychologie der Individuation ist hingegen der Meinung, daß das Ziel des Prozesses, «ganz» zu werden, nicht Vollkommenheit, sondern Vollständigkeit ist. Der ganze Mensch ist niemals ohne Tadel, ohne Schuld, niemals ist er völlig «rein». Sondern der Mensch ist ein Wesen, in dem alle Seiten auf unerklärliche Weise zu einer vollen Person miteinander vereinigt sind. Diese paradoxe Einheit des Selbst, die einer Vereinigung von Gegensätzen entspricht (niemals ist das Leben so *oder* so, sondern es ist so *und* so), ist ein Geheimnis, das nicht rational verstanden oder begriffen werden kann. Einheit ist sozusagen ein Mysterium, das nur Gott kennt. Das Ich kann die Einheit des Selbst erfahren, aber es kann diese Einheit nicht logisch begreifen. In der Sprache des Christentums: nur durch die Gnade Gottes können wir vollkommen werden. Und ein Mensch, der danach trachtet, vollkommen zu werden, muß zugleich eine weite Wanderung und eine große Reise unternehmen, oft muß er unter Schmerzen auf die Suche gehen, um den Grund seines Lebens und seine Erfüllung zu finden. Das Geheimnis der Vollkommenheit ist das große Thema der Erzählung vom Heiligen Gral; und diese Geschichte umgreift beides: eine Gnade Gottes und die Frucht großer Anstrengungen auf der Seite des Mannes.

Der Leser wird feststellen, daß sein Geschmack durch dieses Buch geweckt wird, mehr davon zu lesen. Am Ende dieses Buches findet er eine Literaturauswahl mit Anregungen für die weitere Lektüre. Für diejenigen Leser, die mehr Einzelheiten wissen möchten, und für den Leser, der wissenschaftliche Kenntnisse des psychischen Hintergrundes der Legende vom Heiligen Gral erwerben möchte, wird auf den Band von Emma Jung «Die Graalslegende in psychologischer Sicht» (1960, Neuauflage Walter-Verlag 1980) verwiesen. In diesem Band wird der Leser eine vollständige Darlegung der Erzählung vom Heiligen Gral finden, aus der Feder von Frau Emma Jung und Frau Marie-Louise von Franz; er wird durch die Lektüre belohnt werden, denn in diesem Band wird mehr angeboten als nur die in unserem Buch verkürzt vorgeführten Einsichten in die Seele des Männlichen.

Dank gebührt den Mitgliedern von St. Paul, die die Vorlesungen von Robert A. Johnson mit so viel Wärme und wahrhaft weitherzig aufnahmen. Johnson und ich sind Glenda Taylor zu besonderem Dank verpflichtet, die das Manuskript vom Band abschrieb. Auch danken wir Magret Brown, die die Kurzfassung der Erzählung im Anhang schrieb. Und wir danken meinen beiden Sekretärinnen Gertrude Gridley und Eleanor Garner, die das Manuskript zur Veröffentlichung fertigmachten.

Sollen wir uns nun unserer eigentlichen Geschichte zuwenden?

1

Oft, wenn in der Geschichte ein neues Zeitalter anbricht, entwickelt sich zugleich ein Mythos. Er gehört zu dieser neuen Zeit. Der Mythos ist eine Art Vorschau auf das, was nun kommen soll. Er enthält verdeckte Hinweise auf Verbindungen mit der Psychologie der Zeit.
Im Mythos von Parsifals Suche nach dem Heiligen Gral besitzen wir eine psychologische Vorausbeschreibung unserer eigenen Gegenwart. Der Mythos vom Gral entstand im 12. Jahrhundert; viele Menschen fühlen noch heute, daß unser Zeitalter etwa damals begann und daß die Ideen, das Verhalten und die Vorstellungen, mit denen wir heute leben, ihren Ursprung in jenen Tagen hatten, als die Grals-Erzählung Gestalt annahm.
Im 12., 13. und 14. Jahrhundert trat das Thema des Grals-Mythos vielgestaltig hervor. Überall in Europa konnte man sein Echo hören. Wir werden für unsere Zwecke die französische Fassung heranziehen, die der früheste schriftliche Bericht ist, entnommen einer Dichtung des Chrétien de Troyes. Es gibt auch eine deutsche Fassung von Wolfram von Eschenbach. Die englische Fassung, «Der Tod König Arthurs», stammt aus dem 14. Jahrhundert. Vornehmlich in dieser Zeit wurde die Legende weiter ausgestaltet. Sie ist außerordentlich komplex, und sie wurde so weitergegeben, daß einige ihrer ursprünglichen psychologischen Wahrheiten dabei verlorengingen. Demgegenüber ist die französische Fassung einfacher, direkter und – näher am Unbewußten. Für unsere Zwecke ist sie deshalb hilfreicher.

Es ist wichtig, sich daran zu erinnern, daß ein Mythos etwas Lebendiges ist und daß er in jeder Person lebt. Wir können die wahre, lebendige Gestalt eines Mythos erfahren, wenn wir sehen können, wie er in uns weiterlebt. Besonders lohnend ist es, zu beobachten, wie ein Mythos in unserer eigenen psychischen Struktur weiterwirkt. Das kann man am Grals-Mythos, aber auch an anderen Mythen sehen.

Der Grals-Mythos berichtet von der Seele des Mannes. Wir müssen alles, was in diesen Mythos eingeht, als einen Teil des Männlichen erkennen. Mit einer blendenden Reihe schöner Frauen werden wir in Verbindung kommen, aber auch das müssen wir als Teil der männlichen Seele verstehen.

Auch Frauen werden an den Geheimnissen der Grals-Erzählung interessiert sein, denn jede Frau muß mit einem dieser exotischen Wesen in Verbindung treten, die zum männlichen Geschlecht zählen – so oder so: als Ehemann, als Vater oder als Sohn. Ich hoffe, es wird für Sie als Leser hilfreich sein, das unglaubliche Weiterwirken des Mannes aus dem Mythos, Parsifal, und seiner inneren un-berührten Frauen zu erkennen und zu beobachten.

Unsere Geschichte beginnt inmitten der Gralsburg. Die ganze Burg ist in heller Aufregung. Der Fischer-König, König und Herrscher auf der Burg, ist verwundet worden. Seine Wunde ist so schwer, daß er nicht weiterleben kann. Sterben freilich kann er auch nicht. Er stöhnt, schreit laut und leidet fortwährend. Im ganzen Land herrscht Unordnung. Das Vieh vermehrt sich nicht, das Getreide will nicht wachsen, Ritter werden getötet, Kinder werden zu Waisen, Frauen weinen – überall herrscht Trauer. Und das alles nur, weil der Fischer-König verwundet wurde.

Die Vorstellung, das Wohlergehen eines Königreiches sei von der Stärke und der Macht seines Herrschers abhängig, war früher weit verbreitet, vor allem bei einfachen Leuten. In den einfacheren Teilen der Welt gibt es noch heute Königreiche, in denen der König einfach getötet wird, wenn er keine Erfolge vorweisen kann. Er wird dann umgebracht, zeremoniell – manchmal langsam, manchmal grausam –, weil man der Überzeugung ist, daß ein Königreich unter einem geschlagenen und leidenden König einfach nicht gedeihen kann.

Nun ist die Gralsburg in heller Aufregung wegen der Verwundung des Königs. Der Mythos berichtet im einzelnen, wie es dazu kam.

Vor vielen Jahren, als der Fischer-König in seiner frühen Jugend durch die Wälder streifte, kam er an ein Lager. Die Leute vom Lager waren fortgegangen; aber an einem Spieß über dem Feuer röstete noch ein Lachs. Naiv, wie der Junge war, nahm er ein Stück vom Lachs, um es zu verspeisen. Das war nur zu natürlich. Er war hungrig, da war vor ihm der Lachs, der über dem Feuer röstete – und er nahm ein kleines Stück davon. Gut. Aber dabei verbrannte er sich schrecklich die Finger, und er ließ den Lachs fallen. Er steckte die Finger in den Mund, um den Schmerz zu lindern, und indem er das tat, geriet ein kleines Stück vom Lachs, nur gerade ein Geschmack davon, in seinen Mund. Davon empfing er die böse Wunde. Von nun an wurde er der Fischer-König geheißen, weil er von einem Fisch verwundet ward.

Es lohnt sich, den symbolischen Gehalt dieser seltsamen Aneinanderreihung von Umständen zu betrachten. Der Lachs ist eines der vielen Symbole Christi. Ein Junge berührt in seinen Jünglingsjahren etwas von der Christus-Natur in sich. Aber er berührt sie zu früh. Er wird davon nur verwundet und läßt sie fallen. Aber beachten wir: er steckt seine Finger in den Mund, er kommt also mit dem Lachs in Berührung,

und er spürt einen Geschmack, den er ein Leben lang nicht wieder vergessen wird. Viele seelische Wunden in einem Manne stammen von einer zu frühen Berührung mit seiner Christus-Natur. Damit ist der Prozeß der Individuation gemeint. Er kann damit nicht umgehen, er blickt nicht durch – und so wird er verwundet. In allen Männern lebt ein Fischer-König. In seiner Naivität macht jeder Junge Schnitzer in irgendeiner Sache, die für ihn noch zu groß ist, er gibt sie halberreicht auf, bemerkt, daß er damit nicht umgehen kann und – bricht zusammen. Dann ist er verwundet, ist schrecklich verletzt; er geht davon, um seine Wunden zu lecken. Eine gewisse Bitterkeit steigt nun in ihm auf, hat er sich doch so sehr bemüht, und er hat ja auch wirklich seinen Lachs berührt – seine Individuation, aber er kann sie nicht festhalten. Sie verbrennt ihn. Wenn wir einen jungen Mann nach seiner Pubertät verstehen wollen, müssen wir das von ihm wissen. Jeder Junge muß die Wunde des Fischer-Königs erfahren. Die katholische Kirche nennt das die «felix culpa», die glückliche Schuld, das glückselige Verwundetsein.
Es ist schmerzlich, zu beobachten, wie ein junger Mann erfährt, daß die Welt nicht nur aus Freude und Glück besteht. Es ist schmerzlich, zu sehen, wie seine noch kindliche Schönheit, sein Glaube und sein Optimismus zerbrechen. Aber wenn wir nicht aus dem Garten Eden vertrieben werden, kann es kein himmlisches Jerusalem geben. In der katholischen Kirche gibt es für den Karsamstag eine schöne Stelle: «O glücklicher Fall, die Chance für eine solch hehre Erlösung!»
Meist wird die Wunde des Fischer-Königs mit einem besonderen Ereignis zusammenfallen, zum Beispiel einer erlittenen Ungerechtigkeit. Es ist so ähnlich, wie wenn jemand wegen einer Sache angeklagt wird, die er gar nicht begangen hat.

Ich berichte aus Jungs Autobiographie: einmal las sein Schulprofessor alle schriftlichen Arbeiten seiner Klassenkameraden durch, in der Reihenfolge ihrer Noten. Jungs Arbeit las er gar nicht erst. Dann sagte er: «Hier ist eine Arbeit dabei, die ist bei weitem die beste. Aber sie ist ganz offensichtlich eine Fälschung. Würde ich das Buch finden (aus dem er abgeschrieben hat), ich würde ihn glatt hinauswerfen.» Jung hatte hart an diesem Aufsatz gearbeitet, und es *war* seine Arbeit. Von Stund an traute er diesem Manne nicht mehr und wahrscheinlich auch nicht mehr dem ganzen Schulbetrieb. Das war eine Fischer-König-Wunde für Jung.

Im Ansatz gibt es für einen Mann traditionell drei Stadien in seiner psychischen Entwicklung. Das archetypische Modell ist ein Weg von der unbewußten Vollkommenheit der Kindheit über die bewußte Unvollkommenheit der mittleren Jahre zur bewußten Vollständigkeit des Alters. Der Mensch entwickelt sich von der unschuldigen Ganzheit, in der innere und äußere Welt noch vereint sind, auf eine Abspaltung und Differenzierung zwischen innerer und äußerer Welt zu, begleitet von einem Gefühl für die Dualität, die Zweigesichtigkeit des Lebens. Und – hoffentlich – führt der Weg zur Erfüllung und Erleuchtung, zur nochmaligen Wiederherstellung von Innen und Außen in harmonischer Vollständigkeit. Zunächst sprechen wir jetzt von der Entwicklung eines Jungen von der ersten zur zweiten Stufe. Man hat eigentlich kein Recht, über die letzte Stufe zu sprechen, ehe man nicht die zweite durchlaufen hat. Es ist nicht gut, über die Einheit des Universums zu reden, ehe man nicht der Teilung des Universums gewahr geworden ist. Wir können alle mögliche Gedankenakrobatik betreiben, und wir können über die Einheit aller Dinge reden, was auch alles richtig und wahr sein kann, aber wir haben keine Chance auf Erfolg, so vorzugehen, ehe wir nicht erfolgreich die innere von der äußeren Welt auseinanderhalten können. Anders gesagt: wir müssen aus dem Garten Eden gehen, ehe wir uns nach dem Heiligen Jerusalem aufmachen, obwohl beide der gleiche Ort sind.

Der erste Schritt eines Mannes aus dem Garten Eden heraus in den Schmerz der Spaltung hinein bringt ihm die Wunde eines Fischer-Königs ein. Diese Wunde des Fischer-Königs stört oft die Beziehungen eines Jungen zu den Menschen, die um ihn herum leben. Wenn ein Junge die ersten Schritte zu seiner Individuation zurücklegt, das heißt, wenn er zum erstenmal den Lachs berührt, beginnt er, jemand aus eigenem Recht, beginnt er, selbständig zu werden. Aber zunächst bleibt dieser Prozeß unvollständig. Das bedeutet auch, daß er von der allgemeinen Gesellschaft ausgeschlossen ist, er ist nicht mehr länger ein Schaf in der Herde der Gemeinschaft. Seine Gemeinschaftsbeziehungen mit anderen Leuten und mit anderen Formen des Lebens sind zunächst erst einmal zerstört. Aber er ist nicht weit genug gegangen, so daß er noch kein Individuum ist, das mit dem ganzen Leben in Beziehung tritt. Der englische Ausdruck dafür heißt: er ist zwischen zwei Schemel gefallen. Er ist weder hier noch dort. Sofern jemand ein Fischer-König ist, hat er keine guten Beziehungen zu seinen Mitmenschen. Der gebräuchliche Ausdruck dafür heißt: Entfremdung.

Wir sind alle entfremdete Menschen, existentiell einsame Menschen. Wir haben alle die Wunde des Fischer-Königs empfangen. Lesen Sie bitte eine dieser modernen Erzählungen, und sie werden erkennen, daß sie sich um den verlorenen, einsamen und entfremdeten Menschen dreht. Das ist das große Thema in der Literatur weithin – weil wir alle Fischer-Könige sind. Gehen Sie einmal die Straße herunter und schauen Sie in die Gesichter: Sie werden die Mienen des Fischer-Königs sehen. Wir wurden alle verwundet, und das zeigt sich.

Der Mythos erzählt uns zudem, daß der Fischer-König am Oberschenkel verwundet wurde. Sie erinnern sich, auch Jakob in der Bibel wurde am Oberschenkel verwundet, als er mit dem Engel rang. Die Wunde am Oberschenkel bedeutet, daß ein Mann sexuell verwundet wurde. In einer sehr freien Fassung der Grals-Erzählung heißt es, der Fischer-König sei durch einen Pfeil verwundet worden, der beide Hoden durchbohrte.

Aber es ist nicht ganz richtig, einfach festzustellen, es sei eine sexuelle Wunde. Vielmehr ist es eine Verwundung seiner Männlichkeit, seiner schöpferischen Fähigkeiten, seiner Kraft, schöpferisch zu wirken. Deshalb ist auch das Land des Fischer-Königs nicht mehr produktiv, deshalb kalbt das Vieh nicht mehr und das Getreide gedeiht nicht. Das ganze Reich hat Schaden genommen an seiner schöpferischen Kraft.

Ich zweifle daran, daß es eine Frau auf der Welt gibt, die nicht dabeigestanden hat und ihren Mann voller Pein in seiner Situation als Fischer-König beobachtete. Sie wird vielleicht die einzige sein, die bemerkt – sogar ehe der Mann es selbst gewahr wird –, daß es einen leidenden und heimsuchenden Zug von Verletzung und Unvollständigkeit in ihrem Manne gibt. Ein Mann, der so leidet, steht oft unter einem Zwang, idiotische Dinge tun zu müssen, um seine Wunde zu heilen. Er trägt und lindert seine Verzweiflung, die ihn Tag und Nacht verfolgt, Woche für Woche. Gewöhnlich sucht er eine unbewußte Lösung außerhalb seiner selbst, indem er über seine Arbeit klagt, ein neues Auto kauft, vielleicht sogar eine neue Frau nimmt; alles das kann sein unbewußter Versuch sein, sich selbst von der Verletzung des Fischer-Königs zu heilen.

Da haben wir nun also die Wunde des Fischer-Königs. Der Fischer-König liegt auf einer Tragbahre und wird überall hingetragen. Er seufzt, schreit und hat Schmerzen. Glücklich ist er eigentlich nur, wenn er zum Fischen gehen kann. Das soll man nicht zu wörtlich nehmen; es ist nicht etwa so, daß das einzige, was einen Mann heilen kann, das Fischen ist. Fischen selbst ist hier als ein Symbol für die Arbeit mit dem Unbewußten gemeint. Im Kampf um seine mißlungene Individuation stößt er auf seine frühen Jünglingsjahre. Wenn es einem Manne gelingt, noch einmal Verbindung aufzunehmen mit seinem Unbewußten, so wird ihm das helfen, denn seine endliche Heilung kommt nur, wenn er den Weg vervollständigt, den er ohne Absicht in seiner Jugend begann.

Der Fischer-König herrscht über die Gralsburg, in der der Heilige Gral, das Gefäß des Heiligen Abendmahls, aufbewahrt wird. Uns wird berichtet, der Fischer-König könne den Heiligen Gral nicht berühren. Weil er verwundet wurde, kann er vom Heiligen Gral auch nicht genährt werden, geheilt werden durch ihn kann er auch nicht, obgleich in seiner Burg sonst alles in Ordnung ist.

Wie oft schon haben Frauen zu ihren Männern gesagt: «Sieh nur all die guten Sachen, die du hast; du hast den besten Arbeitsplatz, den du je hattest. Unser Einkommen ist besser als je zuvor. Wir haben zwei Autos, an den Wochenenden haben wir zwei, manchmal sogar drei Tage frei. Warum nur kannst du nicht glücklich sein? Du hast doch den Gral in der Hand, warum nur kannst du nicht glücklich sein?»

Der Mann ist dann meist nicht in der Lage zu antworten: «Weil ich ein Fischer-König bin, ich bin verwundet und nichts von diesem Glück kann ich berühren.» Es ist ein zusätzlicher Schmerz, das Glück in der Hand zu halten und es nicht berühren zu können. Die bloße Tatsache, daß er über alle diese Dinge verfügt, die ihn glücklich machen sollten, kann die Lage des Fischer-Königs nicht verbessern, er leidet ja gerade an seiner Unfähigkeit, das Gute und Glückbringende berühren zu können, das er schon in seiner Hand hält.

Wir wollen in unserer Erzählung fortfahren. Der Hofnarr (an jedem guten Hof gibt es einen Hofnarren) hatte schon lange vor den nun eingetretenen Ereignissen prophezeit, die Wunde des Fischer-Königs würde geheilt werden können, wenn ein wirklich unschuldiger Tor einst an den Hof käme. An jedem ordentlichen mittelalterlichen Hof würde das sofort verstanden werden. Die Leute an einem solchen Hof wären nicht im geringsten überrascht darüber, daß ausgerechnet ein unschuldiger Tor oder ein noch junger Mann die Lösung des Problems bringen würde.

So warteten nun alle Leute im Königreich auf die Ankunft des unschuldigen Toren, der den König heilen sollte. An dieser Stelle will uns die Erzählung mitteilen, daß es der unberührte, der naive Teil eines Mannes ist, der ihn heilen und der die Wunde des Fischer-Königs schließen wird. Das setzt voraus, wenn ein Mann geheilt werden soll, muß er etwas in sich finden, was zu dem Alter und zu der Haltung gehört, die er besaß, als er verwundet wurde. Die Geschichte berichtet uns auch, warum der Fischer-König sich nicht selbst helfen kann und warum ihm das Fischen zwar Linderung, nicht aber wirkliche Heilung bringt.

Soll ein Mann wirklich geheilt werden, muß er dem unberührt abgeschiedenen Teil in sich erlauben, in sein Bewußtsein aufzusteigen und ihn selbst zu verändern. Er kann nicht geheilt werden, wenn er im alten Bewußtsein des Fischer-Königs verharrt, ganz egal, was er auch tut. Deshalb muß der junge Tor in ihm in sein Leben treten, soll er geheilt werden. In meinem Sprechzimmer schreit mich oft ein Mann an,

wenn ich etwas zu fremd oder zu schwierig für ihn beschreibe: «Was denken Sie eigentlich, wer ich bin – ein Narr?» Und ich antworte dann: «Ein Narr, ja, seien Sie ein Narr, das wird Ihnen helfen!»
Oft ist es eine un-berührte und torenhafte Sache in einem Manne, mit der die Heilung beginnt. Der Mann muß nur «ja» dazu sagen. Er muß demütig genug sein, den jungen, unbescholtenen, heranwachsenden torenhaften Teil von sich zu sehen, um den Beginn der Heilung seiner Fischer-König-Wunde zu finden.

2

Die Erzählung verläßt nun den Fischer-König und seine Wunde und wendet sich einem Jungen zu, der keinen Namen hat. Geboren wurde er in Wales. In Wales geboren zu sein, bedeutete in jenen Tagen, im entferntesten Winkel der Welt geboren zu sein. Es erinnert ein wenig an die Kommentare in den alten Schriften: «Was für ein Gott könnte das sein, der aus Nazareth kommt?» In der allgemeinen Meinung standen Nazareth und Wales augenscheinlich an letzter Stelle. Doch gerade von hier wird der Held kommen. Der Held, das ist die heilende Qualität, er kommt aus einem Ort, von dem man es am wenigsten erwartet. Später werden wir herausfinden, daß der Name des Jungen Parsifal ist; das bedeutet: unberührter Tor.

Für einen Fischer-König ist es demütigend, Verbindung mit seiner Parsifal-Natur aufzunehmen, um geheilt zu werden. Es klingt ein wenig wie die Mahnung in der Bibel: «Wenn ihr nicht werdet wie die Kinder, werdet ihr nicht in das Himmelreich kommen.» Wenn wir nicht auf unsere Parsifal-Natur für unsere Wiederherstellung und Heilung vertrauen, gibt es keine Hoffnung für uns. Das kommt einen Mann hart an, sein männlicher Stolz läßt es kaum zu.

Jung beschreibt eine Situation, in der er gezwungen war, so etwas zu tun. Der große Streit zwischen Freud und Jung ging über die Natur des Unbewußten. Freud meinte, das Unbewußte sei eine Anhäufung all der nicht angenommenen Dinge im Leben, die ins Unbewußte verdrängt wurden. Jung bestand darauf, daß das Unbewußte auch die Grundlage, der artesische Brunnen für alles Kreative sei. Bei Freud findet sich nichts von dem. So brachen sie miteinander. Das durchzustehen, war für Jung eine belastende, schreckliche Sache. Er war jung, unerfahren, und er hatte noch keinen Namen in der Wissenschaft. Es sah so aus, als sei seine Karriere schon zu Ende, ehe sie recht begonnen hatte.

Jung berichtet, er sei daraufhin nach Hause gegangen und sei zu der Überzeugung gelangt, wenn er wirklich glaube, das Unbewußte sei die Quelle alles Schöpferischen, daß auch *er* dem vertrauen solle. Er schloß sich in sein Zimmer ein und wartete nun auf das Unbewußte. Es dauerte gar nicht sehr lange, da war er auf dem Boden seiner kindlichen Spiele angelangt. Das führte ihn dazu, seine kindlichen Phantasien zurückzuholen, die er dann in der Form einer Betätigung als Erwachsener auszudrücken beschloß. Monatelang arbeitete er im Hofe hinter dem Haus, baute die Dörfer, Städte und Festungen, die er sich als Junge vorgestellt hatte. Er vertraute seiner kindhaften Erfahrung. Und das war für ihn der Anfang, etwas vom kollektiven Unbewußten aufzuspüren, dem wir die Gaben und Einsichten der Jungschen Psychologie verdanken. Parsifal war an der Arbeit.

Parsifal (jetzt schon nennen wir ihn so, obgleich er keinen Namen hat und ihn erst im Laufe der Erzählung beigelegt bekommt), Parsifal also wird von seiner Mutter aufgezogen. Sie heißt Sorgenherz[1]. Sein Vater ist fortgegangen, über ihn weiß er nichts. Brüder oder Schwestern hat er nicht. In sehr einfachen Verhältnissen wächst er auf, trägt Kleider aus selbstgesponnenem Garn, geht nicht zur Schule und erfährt keinerlei Unterweisungen. Er stellt keine Fragen. Er ist ganz einfach ein naiver Bursche.

---

[1] Anm. d. Ü.: Heart Sorrow im Original.

Einst spielte er in seiner frühen Jugend draußen, als fünf Ritter auf ihren Pferden vorüberritten. Noch nie hatte bis dahin Parsifal einen Ritter gesehen. Das rot-goldene Wams, die Waffen, die Schilder und Lanzen, die gesamte Ausrüstung der Ritter blenden unseren armen Parsifal so vollständig, daß er nach Hause rennt und seiner Mutter erzählt, er habe fünf Götter gesehen. So in Feuer und Flamme ist er von dem, was er gesehen hat, daß er beschließt, unverzüglich die Mutter zu verlassen, um die fünf großen Könige wiederzutreffen. Bis dahin hatte er gar nicht gewußt, daß es so etwas gab.

Die Mutter bricht in Tränen aus. Sie versucht, ihm das alles auszureden, aber bald merkt sie – sie ist eine weise Mutter –, daß es für sie keine Hoffnung mehr gibt. Der Junge will zu den Rittern gehen. Nun erzählt sie Parsifal, daß sein Vater auch ein Ritter war und daß er getötet wurde, als er ein junges Mädchen verführte; auch seine beiden Brüder seien als Ritter getötet worden. Parsifals Mutter hat ihn an einen einsamen, verschwiegenen Ort mitgenommen, und dort erzählt sie ihm die ganze Geschichte. Sie hofft dabei, er möge nicht das gleiche Schicksal erleiden. Aber es ist schon passiert: es gibt keine Hoffnung mehr. So erzählt sie ihm dies alles, erteilt ihm ihren Segen und gibt ihm einige Ermahnungen mit auf den Weg. Diese Ermahnungen durchziehen die ganze Parsifal-Erzählung, und so lohnt es sich, genau hinzuhören.

Erstens schärft sie ihm ein, alle schönen Frauen zu achten. Zweitens soll er täglich in die Kirche gehen. Wann immer er Nahrung braucht: in der Kirche wird er sie finden. Schließlich schärft sie ihm ein, er solle keinerlei Fragen stellen. Das sind gewöhnliche, gutgemeinte Ratschläge für einen schwatzhaften Jungen. Später werden wir erleben, daß gerade diese letzte Ermahnung sich verheerend auswirken wird.

So zieht Parsifal davon, glücklich und sicher, seine fünf Ritter wiederzufinden. Diese fünf Ritter findet er nicht wieder, aber eine Menge anderer Dinge erlebt er.

Jeden, dem er begegnet, fragt er: «Wo sind die fünf Ritter?» Er bekommt auf diese Frage alle möglichen Antworten und Weisungen, vielerlei Bemerkungen – aber alle sind verschieden voneinander. So fühlt er sich wie in einer Wildnis. Schwer sind diese fünf Ritter zu finden. Sie scheinen nirgends zu sein oder überall. Wenn wir einem vierzehn oder fünfzehn Jahre alten Jungen in die Augen schauen und er fragt: «Wo sind die fünf Ritter, die ich gesehen habe?», und wenn wir ihm dann darauf etwas antworten, werden wir diesen gewissen skeptischen Blick ernten: Die letzte Person, die er zuvor fragte, hat über den Verbleib der Ritter etwas ganz anderes gesagt. So sind für ihn die fünf Ritter überall, und gleichzeitig sind sie nirgendwo.

Jedenfalls kommt Parsifal jetzt an ein Zelt. Nie zuvor hat er ein Zelt gesehen, wuchs er doch in einer einfachen Hütte auf. Und so nimmt er an, es handle sich da um die Kathedrale, von der ihm seine Mutter erzählt hat. Sie hatte ihm gesagt, daß das ein prächtiger Platz sein würde. Und das Zelt ist nun der prächtigste Platz, den er je sah. So nimmt er an, er stünde unmittelbar vor Gottes Haus. Er stürzt ins Zelt, um seine Andacht zu verrichten und – findet eine schöne Frau vor. Sie ist die erste in der schillernden, blendenden, unfaßlichen Reihe schöner Frauen, mit der wir im Laufe der Erzählung Bekanntschaft schließen müssen.

Parsifal erinnert sich an die Ermahnung seiner Mutter, jede Frau anständig zu behandeln, zu verehren und zu hegen. So will er sie nun hegen, läuft auf sie zu und beginnt, sie zu umarmen. Er sieht einen Ring an ihrer Hand, nimmt den Ring ab und steckt ihn sich selbst an den Finger. Nun besitzt er einen Talisman, das Geschenk von einer schönen Frau. Das wird ihm Kraft geben für den Rest seines Lebens.

Haben Sie jemals einen Jungen beobachtet bei seinem ersten Treffen mit einem Mädchen? Es ist schon wert, sich daran zu erinnern. In unserer Erzählung ist die schöne Frau freilich selbstverständlich gekränkt.

Die Mutter hatte Parsifal eingeschärft, in Gottes Kirche werde er alle Nahrungsmittel, alles, was er für sein Leben benötige, finden – und siehe da, im Zelt ist der Tisch für ein ausgiebiges Mahl gedeckt. Die Frau wartet nämlich auf ihren geliebten Ritter, der ihr den Hof macht. Vom Besten hat sie für ihn gedeckt. Für Parsifal erfüllt sich nun die Prophezeiung der Mutter: hier, in Gottes Tempel, hier ist eine schöne Frau, und es gibt alles zum Essen, was er sich nur wünschen könnte. Alles ist genau so, wie die Mutter es vorhergesagt hatte. Also läßt sich Parsifal am Tisch nieder, ißt an der gedeckten Tafel und findet, daß das Leben schön ist.

Langsam merkt die Frau im Zelt, daß sie da einen etwas außergewöhnlichen Gast bei sich hat. Sie begreift die Situation, wird deshalb aber in keiner Weise böse, denn sie merkt schon, daß vor ihr ein ehrlicher, einfacher Mensch steht, ohne böse Absichten. Sie fleht ihn an, auf der Stelle zu gehen, denn wenn ihr Ritter komme und ihn hier im Zelt finde, werde er ihn umbringen.

Für Parsifal hingegen läuft alles gut: er hat Gottes Kirche gefunden, dazu eine hinreißend schöne Frau, deren Ring er jetzt an seiner Hand trägt, er ist beköstigt worden; alles läuft glatt. Wenn Sie einen heranwachsenden Jungen haben, können Sie das alles an ihm beobachten. Es ist schmerzhaft zu sehen, in gewisser Weise aber auch schön.

Parsifal folgt dem Ersuchen der schönen Frau, aufzubrechen, und zieht seiner Wege. Es dauert nicht lange, und er stößt

auf ein zerstörtes Nonnen- und Mönchskloster. Mönche und Nonnen leiden. Das Heilige Sakrament steht auf dem Altar, kann aber nicht benutzt werden; niemand kann sich ihm nähern oder von ihm Gebrauch machen. Das Getreide ringsum will nicht wachsen, das Vieh nicht kalben, die Brunnen haben aufgehört zu fließen. Die Bäume tragen keine Früchte mehr, alles geht schlecht, wahrhaft ein paralysiertes Land.
Mythen wiederholen oft das gleiche Thema wieder und wieder in unterschiedlichen Formen, um das Wirken eines Prinzips auf verschiedenen Ebenen vorzuführen. So ist denn die Lage im Kloster ähnlich der in der Gralsburg. Das zerstörte Land mit der Hostie auf dem Altar, die nicht benutzt werden kann, setzt diese Situation einem neurotischen Zustand gleich. Obgleich alles, was man braucht, in Reichweite ist, kann man es nicht benutzen. Das ist der schmerzvolle Zustand der neurotischen Struktur des zerrissenen und gespaltenen Mannes.
Unsere Zeit ist die reichste, die unsere Erde jemals sah. Wir besitzen mehr als irgend jemand auf dieser Welt vor uns. Aber manchmal möchte ich gerne wissen, ob wir nicht auch die unglücklichsten Menschen sind, die je auf diesem Erdboden lebten. Wir sind entfremdet von den Dingen, sind Fischer-Könige, wir sind Klöster, über denen ein Bannfluch liegt.
Parsifal sieht das alles. Aber er besitzt jetzt nicht die Kraft, das alles in Kürze in Ordnung zu bringen und zu heilen. Aber er verspricht, wieder herzukommen, wenn er mehr Kraft hat, und er wird dann den Fluch von dem Kloster nehmen. Später, rein zufällig, kehrt er tatsächlich zurück und löst den Bann.

3

Parsifal geht seinen Weg weiter. Ein Roter Ritter, der gerade von König Arthurs Hof kommt, trifft auf ihn. Der Rote Ritter ist so kräftig, daß König Arthurs Hof ihm gegenüber kraftlos war, als er kam. Er kam damals einfach herein, nahm alles, was er haben wollte, und tat auch einfach alles, was er wollte. Jetzt hält er in seiner Hand einen silbernen Becher, den Pokal des Abendmahls. Er hat ihn am Hof Arthurs gestohlen.
Parsifal ist geblendet von diesem Roten Ritter. Der hat rote Waffen, ein scharlachrotes Kniegewand. Die Ausrüstung des Pferdes, der Sattel und die ganze übrige ritterliche Ausstattung ist in diesem blendenden Rot gehalten. Er ist schon eine beeindruckende Erscheinung. Parsifal hält den Roten Ritter an und fragt ihn, wie auch er ein Ritter werden könne. Der Rote Ritter ist so überrascht von diesem naiven Jungen, der ihm da gegenübersteht, daß er ihm kein Leid zufügt, sondern sagt, er solle nur an König Arthurs Hof gehen, wenn er ein Ritter werden wolle. Dann lacht er und zieht weiter.
So findet Parsifal seinen Weg zu König Arthurs Hof. Dem ersten Bediensteten, den er am Hofe trifft, erzählt er, daß auch er zum Ritter geschlagen werden möchte, und er fragt an, wie das zu bewerkstelligen sei. Selbstverständlich wird er ausgelacht. Ein Ritter zu werden ist eine langwierige Sache. Aber Parsifal fragt ganz naiv draufzu, fragt wieder und wieder, bis er schließlich vor König Arthur selbst gebracht wird. Der ist ein freundlicher Mann, und ohne irgendwie herablassend zu Parsifal zu sein, sagt er ihm, er müsse noch viel lernen

und daß er bewandert sein müsse in allen ritterlichen Künsten. Parsifal versteht.
Nun lebt am Hofe König Arthurs eine Frau, die – sie erlebte manches Schwere – seit Jahren nicht mehr gelächelt oder gelacht hat. Am Hofe erzählt man sich, daß die Frau, die seit sechs Jahren nicht gelächelt hat, laut lachen wird, wenn der beste Ritter der Welt vorbeikomme. Als sie nun den Parsifal sieht, platzt sie sofort vor Lachen. Alle am Hof sind davon beeindruckt. Offensichtlich ist jetzt der beste Ritter der Welt erschienen. Hier ist der naive Junge, dieser junge Mann in selbstgefertigter Kleidung, gänzlich ohne Unterweisungen, und die Frau lacht – endlich. Ein außergewöhnliches Ereignis, tatsächlich.
Wir wissen: bis die Parsifal-Natur in einem Menschen erscheint, gibt es einen weiblichen Teil in ihm, der niemals lächelt, der unfähig ist, Glück zu empfinden, und daß dieser Teil im Menschen zu glühen beginnt, wenn ein Parsifal erscheint. Gelingt es jemandem, den Parsifal in einem Manne zu wecken, so wird ein anderer Teil in ihm sofort glücklich.
In diesem Zusammenhang habe ich vor kurzem ein Experiment gemacht. Ein Mann kam in mein Haus und schrie herum. Unerträglich war für ihn das Leben geworden. Es war auch einfach nicht möglich, vernünftig mit ihm zu reden. So erzählte ich ihm Geschichten und wies ihm in den Geschichten einen Platz an. Ich brachte ihn dazu, Parsifal zu spielen. Ich brachte ihn auf den Weg in seine kindhafte Welt, und sofort begann er zu lachen. Die Frau in ihm, die seit sechs Jahren nicht gelacht hatte, brach in ihm auf – in Freude. Jetzt verfügte er über einige Energie, um weiter voranzukommen. Das Erwachen Parsifals in einem Manne setzt in ihm alle Formen des Lebendigen in Bewegung.
König Arthur nimmt das Lachen der Frau durchaus wichtig

und ernst: Parsifal wird sofort zum Ritter geschlagen. Einer der Kammerdiener wird dabei zornig und stößt Parsifal ins Feuer des Kamins, er demütigt ihn, verletzt ihn äußerlich aber nicht; treffen will er die Frau, die ihre Fähigkeit zu lachen wiedergewann. Parsifal aber ist wütend und gelobt, sich für diesen Vorfall zu rächen.

Dann geht er zu König Arthur und sagt: «Ich habe eine Bitte: Ich möchte ein Pferd haben und die Waffen des Roten Ritters.» Alles lacht lauthals; noch nie gab es an König Arthurs Hof einen Ritter, der stark genug war, dem Roten Ritter zu widerstehen. Auch Arthur lacht. Dann sagt er zu Parsifal: «Du hast meine Erlaubnis, du kannst Pferd und Waffen des Roten Ritters haben, *wenn* du sie dir holst.»

Parsifal bricht auf. Er findet den Roten Ritter und berichtet ihm, König Arthur habe ihm die Erlaubnis erteilt, sein Pferd und seine Waffen zu nehmen. Der Rote Ritter schaut erstaunt und sagt dann: «Gut, *wenn* du sie dir holen kannst!»

Diesmal wurde Parsifal ein Knappe beigegeben, und der richtet nun ein Schwert für ihn her. Mir ist es nie gelungen, herauszufinden, woher dieses Schwert kommt. In diesem Punkt bin ich neugierig. Zu gerne wüßte ich, woher Parsifals erstes Schwert kommt. Aber ich finde keinerlei Hinweis. Er *hat* ganz einfach jetzt ein Schwert. Möglich, daß es ein natürliches Schwert ist, über das ein Junge verfügt, angeboren, vererbt.

Die beiden führen nun ein Duell miteinander und – Wunder über Wunder – Parsifal tötet den Roten Ritter: er sticht ihm durchs Auge. In der französischen Fassung der Grals-Erzählung ist dies der einzige Kampf mit tödlichem Ausgang. Dutzende von Rittern unterwirft sich Parsifal im weiteren Verlauf der Erzählung, töten aber tut er nur den Roten Ritter. Der Sieg über den Roten Ritter mag sich im Innern eines

Menschen abspielen oder äußerlich oder in beiden Dimensionen. In jedem Fall aber verkörpert der Rote Ritter jene kraftvolle, starke, männliche Substanz, die ein Junge so verzweifelt braucht.

Wird der Rote Ritter in der äußeren Welt geschlagen, gewinnt ein Junge männliche Kraft, indem er starke Hindernisse überwindet. Er besiegt oder er unterwirft sich auf seinem Weg einen Gegner, es geschieht im Wettkampf, der ihm Mut und Bereitschaft zum Risiko abverlangt. So kann er die Kraft des Roten Ritters an sich binden[1].

Im allgemeinen besteht ein solcher Sieg darin, daß er irgend etwas gewinnt, Sieger bleibt, oder daß er erstmals offensichtlich eine oppositionelle Haltung einnimmt. Das kann geschehen, indem er zum Beispiel das Fußball-Team anführt, oder indem er irgendwo der Beste wird. Dabei geht er einen anstrengenden Weg; er klettert in die Berge, oder er fordert irgend etwas heraus. Das Unglück besteht nun freilich darin, daß ein Junge die Waffen seines Roten Ritters meist erhält, indem er sie jemand anderem fortnimmt. Das gehört zum grimmigen Wettstreit der Heranwachsenden, und es gehört zum Männlichen überhaupt. Immer muß ein Junge etwas von einem anderen gewinnen. Sein Sieg ist kein wirklicher Sieg, wenn nicht ein anderer dabei etwas verliert. Das bedeutet freilich auch, daß zuweilen er es ist, der etwas verliert. Aber irgendwo erhält er die Waffen des Roten Ritters dann doch. Ihm ist es aufgegeben zu siegen, an der Spitze zu stehen.

---

[1] Anm. d. Ü.: Diese Auffassung Johnsons ist nicht unbestritten. Andere Anhänger der Jungschen Psychologie sehen im Roten Ritter etwas anderes, nämlich die innere Gestalt des blutenden Schattens. Dann bedeutet der Sieg über den Roten Ritter die Annahme des leidenden Schattens, was im Sinne von Jung mindestens ebenso folgerichtig ist wie die Annahme verdeckter Kraft, wie Johnson es in erster Linie versteht.

Jungen liefern sich dafür grimmige Kämpfe. Für sie ist das eine Sache von Leben und Tod.

Häufig bedarf es eines Dutzends solcher Erfahrungen mit Roten Rittern, um deren Kraft zu gewinnen. Paßt ein Mann nicht sorgfältig auf, wird er oft auch durch einen Roten Ritter aus seinem Leben geschleudert. Häufig trägt ein Mann diesen Geist des Wettkampfes mit der leichten Färbung des Jugendlichen in eine Sache hinein. Vielleicht stammt manches von der Verherrlichung des Krieges und der Schlachten, vom schimmernden Glanz alles Militärischen aus der Natur des Roten Ritters.

Aber es gibt auch eine innere Dimension der Auseinandersetzung mit dem Roten Ritter. Wenn ein Junge ein Mann werden soll, muß er seine Aggressionen meistern können. Er kann kein Mann sein, ohne zu wissen, *wie* er aggressiv sein soll. Aber es muß eine kontrollierte Aggression sein, eine, die seiner bewußten Kontrolle unterliegt. Wird er von seiner Wut und von seiner Gewalttätigkeit über-mannt, so ist das nicht gut; seine Männlichkeit ist dann noch nicht richtig geformt. Psychologisch gesprochen: in seinem Innern wurde er von seinem Roten Ritter besiegt. Sein Selbst liegt niedergeworfen da, in Gestalt eines schrecklichen Bullen, eines gewalttätigen Temperamentes oder sogar in Form von Vandalismus und Kriminalität. Jeder Junge muß also auf seinem Wege zur Männlichkeit lernen, mit seiner gewalttätigen Seite umzugehen, er muß diese schreckliche männliche Kraft in Gestalt der Aggression in seine bewußte Persönlichkeit integrieren.

So betrachtet ist der Rote Ritter die Schattenseite der Männlichkeit, die negative, auf Zerstörung hin angelegte Seite. Um wirklich ein Mann zu werden, muß mit der Schattenseite gekämpft, keineswegs aber darf sie nur verdrängt werden. Ein

Junge kann seine aggressiven Züge nicht gleichzeitig verdrängen und sich auf seinen Weg nach vorn begeben, denn er bedarf gerade dieser männlichen Kraft, die im Schatten *seines* Roten Ritters zu finden ist.

Es ist eine Angelegenheit seines Ichs, stark genug zu werden, um nicht von seiner Wut überwältigt zu werden, sondern die Kraft, die in der Wut steckt, für bewußt gesetzte Zwecke zu nutzen, um so die Hindernisse auf seinem Weg zu überwinden und seine Ziele zu erreichen.

Offensichtlich sind der äußere und der innere Kampf mit dem Roten Ritter Teile *eines* Kampfes. Um gegen äußere Widersacher gewappnet zu sein und zu siegen und um als Größerer[1] dazustehen, muß ein Junge fähig sein, seine männlichen Energien zu sammeln und zu steuern, ebenso muß er seine Feigheit ablegen und nicht mehr danach verlangen, von seiner Mutter vor Gefahr beschützt zu werden.

Er kann gegenüber dem Roten Ritter nicht Sieger werden im Kampf außerhalb seiner selbst, wenn er nicht zugleich auch den inneren Kampf in sich gewinnt. Nicht jeder Junge freilich wird gleichzeitig auch den Kampf an der inneren Front gewinnen. Diese Auseinandersetzung mit den äußeren Widerständen, die seinen Willen und die seine Identität herausfordern, ist auch notwendig, um seine innere Männlichkeit standfest zu machen.

In diesem Augenblick gibt es in der Grals-Erzählung eine interessante Einzelheit. Als Parsifal eben dabei ist, die erbeuteten Waffen des Roten Ritters anzulegen, bemerkt sein Knappe: «Zieh diese gräßlichen, selbstgefertigten Kleider aus, die deine Mutter dir mitgab, ehe du Rüstung und Waffen anlegst.» Parsifal aber schlägt das aus und stülpt die neuen

---

[1] Anm. d. Ü.: top-dog im Original.

Waffen und die Rüstung über die von der Mutter angefertigten Kleider aus selbstgesponnenem Garn. Mit anderen Worten: er streift seine neue Männlichkeit über seinen alten Mutter-Komplex. Von nun an geht alles schief. Für den Lebensweg eines jungen Mannes ist das immer das gleiche: er nimmt seine neugewonnene Kraft, seine kriegerisch umgeschnallte Männlichkeit, die er mit 15 oder 16 Jahren gerade erst entdeckt hat, und zieht sie sich über seine Mutter-Vorstellungen. Eine lächerliche Kombination. So geht es wirklich nicht.

Parsifal steigt aufs Pferd des Roten Ritters, und ab geht's. Es gibt da eine wunderschöne Einzelheit in einer Fassung der Grals-Legende, wo es heißt, Parsifal reite den ganzen Tag, weil er nicht wisse, wie er das Pferd wieder anhalten solle. Bei Einbruch der Nacht oder aus Erschöpfung, wir wissen es nicht genau, bleibt das Pferd dann stehen. Jeder Mann, der aufrichtig genug gegenüber sich selbst ist, wird sich daran erinnern, wie er zum erstenmal rittlings auf dem Pferd des Roten Ritters saß und es nicht anhalten konnte.

Parsifal kommt nun an Gournamonds Burg. Gournamond ist gleichsam Parsifals Pate. Er bildet ihn aus, verscheucht die Grillen aus seinem Kopf (er nimmt ihm die von der Mutter gefertigte Kleidung aus eigengesponnenem Garn unter der Rüstung des Roten Ritters weg) und lehrt ihn alles, was ein Junge für ein ritterliches Auftreten wissen muß. Er drängt Parsifal, zu seiner Ausbildung ein weiteres Jahr bei ihm zu bleiben. Parsifal aber will davon nichts wissen und bricht unvermittelt auf. Er hat das Gefühl, seiner Mutter könne etwas zugestoßen sein.

Zwei Dinge hat Gournamond Parsifal besonders eingeschärft, und viel von der Grals-Erzählung dreht sich eben darum. Die erste Einschärfung lautet: wenn Parsifal den Heiligen

Gral suchen muß – was die einzige angemessene Aufgabe für einen Ritter ist –, liegt eine allererste Aufgabe vor ihm: er darf niemals eine Frau verführen oder sich von einer Frau verführen lassen. Es darf keine physische Intimität mit einer Frau geben, oder die Hoffnung, den Gral zu finden, ist dahin. Die zweite Einschärfung lautet, wenn Parsifal in die Gralsburg kommt, muß er genau *die* Frage stellen: «Wem dient der Gral?» Das ist eine sonderbare Frage, die wir zunächst nicht verstehen. Diese beiden Anweisungen werden Parsifal von Gournamond in seinen Kopf geradezu eingehämmert.

Er geht davon, um nach seiner Mutter zu suchen. Er erfährt, daß seine Mutter starb, kurz nachdem er sie verließ. Sie starb an einem gebrochenen Herzen. Erinnern wir uns daran, daß ihr Name Sorgenherz war. Natürlich fühlt Parsifal bedrückende Schuld darüber. Aber auch das ist ein Teil seiner Entwicklung zum Manne. Kein Sohn entwickelt sich zur Männlichkeit, ohne gegenüber seiner Mutter in bestimmter Weise auflehnend zu handeln. Wenn er bei seiner Mutter bleibt, sie zu pflegen und sie zu trösten, kommt er niemals von seiner Mutterabhängigkeit los. Oft tut eine Mutter alles, um ihren Sohn bei sich zu behalten. Einer der subtilsten Wege ist es, in ihm die Vorstellung zu wecken, loyal gegenüber seiner Mutter zu sein, läßt er sich aber völlig auf diese Rolle ein, hat sie zum Schluß einen Sohn, der eine schwer geschädigte Männlichkeit besitzt. Der Sohn *muß* davongehen, und er muß seine Mutter verlassen, selbst wenn das unfolgsam auszusehen scheint. Und eine Mutter *muß* diesen Schmerz ertragen. Später dann mag ein Sohn zu seiner Mutter zurückkehren, und sie können eine neue Beziehung zueinander finden, auf einer neuen Ebene. Aber das kann nur glücken, wenn der Sohn zunächst seine Unabhängigkeit gewonnen hat und wenn er sein Begehren auf eine Frau seines eigenen Alters richtet.

In unserer Erzählung ist Parsifals Mutter gestorben, als er zurückkommt. Vielleicht verkörperte sie denjenigen Typ von Frau, der nur als Mutter existieren kann, die, psychisch gesehen, stirbt, wenn ihr diese Rolle genommen wird, weil sie es nicht versteht, eine eigenständige Frau zu sein. Sie kann nur Mutter sein.

4

Parsifal fand also seine Mutter nicht wieder. Gerade auf dieser Reise geschieht es nun, daß er in Qualen gerät wegen einer schönen Frau in der Burg von Blanche Fleur. Blanche Fleur, «die weiße Blume», ist die wichtigste Frau im Mythos. Alles, was Parsifal nach dieser Begegnung tut, geschieht im Dienste an ihr.

Blanche Fleur scheint die unbefriedigtste Frau zu sein, die man sich nur vorstellen kann, bis man sich darüber klarwird, daß sie gar keine Frau aus Fleisch und Blut ist. Sie ist ein Teil von Parsifals innerer Struktur, eine «innere Frau» also. Wenn eine Frau aus Fleisch und Blut sich so verhalten würde wie Blanche Fleur, man würde sie sofort laufen lassen.

Die Burg von Blanche Fleur wird belagert, so fragt sie Parsifal, ob er ihr helfen wolle. Sie verspricht ihm Sonne, Mond und Sterne, wenn er ihr helfe, die Belagerung ihrer Festung aufzuheben. So geht Parsifal vor die Burg, findet den zweiten Anführer der Armee, die die Burg belagert, und fordert ihn zum Duell heraus. Parsifal besiegt ihn, nimmt das Gelöbnis seiner Unterwerfung entgegen und schickt ihn an König Arthurs Hof. Dann sucht Parsifal den Ranghöchsten in der Belagerungsarmee und verfährt mit ihm genauso. Es mag noch eine stattliche Zahl von Rittern gewesen sein, die auf diese Weise an König Arthurs Hof geschickt werden, ehe unsere Geschichte endet.

Dieser Kampf mit dem ersten und dem zweiten Offizier kann eine der vielen Schlachten symbolisieren, die ein Junge durchkämpfen muß, um sich von seinem Vater oder von seinem Bruder zu befreien. Ein heranwachsender Junge wird darangehen, gegen jedes Mitglied seiner Familie zu kämpfen, um von ihnen loszukommen, auch, wenn er jemand anderen an die Stelle von Vater oder Bruder setzt. Wenn gegenüber jemandem im späteren Leben etwas emotionell aufflackert, geht es häufig darum, daß ein Mann etwas mit seinem Bruder aus früher Jugend in Ordnung bringen will.

Nachdem er die Belagerung aufgehoben hat, kehrt Parsifal zu Blanche Fleur zurück und verbringt die Nacht mit ihr. Von den intimsten Einzelheiten wird uns dabei berichtet, wie sie die Nacht miteinander verbringen. Kurz, aber schön gesagt, sie liegen in Umarmung miteinander, Kopf an Kopf, Schulter an Schulter, Hüfte an Hüfte, Knie an Knie, Zehe an Zehe. Es ist eine keusche Nacht. Wie Bruder und Schwester sind sie zueinander. Das ist schwer zu glauben. Aber dann wird einem klar, daß dies ein inneres Zusammentreffen ist, das *in* Parsifal sich abspielt.

An dieser Stelle spricht der Mythos, wie schon erwähnt, nicht über eine Frau der äußeren Welt, eine Frau aus Fleisch und Blut, sondern über die innere Frau im Manne, über seine *anima*. Es ist außerordentlich wichtig, diese Unterscheidung zwischen der äußeren Frau aus Fleisch und Blut und der inneren weiblichen Qualität im Manne zu treffen und innere Gesetzmäßigkeiten von der äußeren Ordnung der Dinge und der Welt zu trennen. Die Gesetze der Seele, die des Innenlebens, sind unverwechselbar und einzig, und oft genug sind sie verschieden von denen, die für die äußere Welt gelten. Der Umgang mit der inneren Frau und besonders die Erfahrung, *wie* sie von der äußeren Frau zu unterscheiden ist, das stellt den bedeutendsten Teil des Mythos dar.

Deshalb ist es sehr wichtig, die strenge Weisung zu verstehen, daß ein Mann keine gefühlsmäßige Bindung zu irgendeiner

Frau haben soll, wenn er den Gral finden soll. Das ist der wichtigste Punkt in der ganzen Grals-Erzählung. Verstehen wir das, so haben wir wahrhaft ein Juwel in der Hand.

Noch einmal: Erinnern wir uns, daß es eine Reihe von Anweisungen gibt, wie ein Mann seine innere Frau behandeln und eine Beziehung zu ihr herstellen soll, eben zu seiner anima, was überhaupt nichts damit zu tun hat, wie ein Mann seine Beziehungen zu einer Frau aus Fleisch und Blut gestaltet.

Gewöhnlich wissen die Leute das nicht. Ihnen steht diese Dimension für ihre Vorstellung nicht zur Verfügung. Deshalb verstehen sie die Anweisung nur für die äußere Welt; der Mythos, das Mittelalter und die ganze Bewegung des Rittertums werden damit hochgradig mißverstanden.

Man ist nicht näher am Glück oder näher am Gral, indem man Frauen aus Fleisch und Blut verläßt. Nehmen wir das innere Gesetz und versuchen wir, es in der äußeren Welt auszulegen, enden wir alle als Puritaner und schuldbeladen (was wir praktisch ja auch alle sind), wir haben dann aber noch immer keine Regeln für unser inneres Verhalten. Im Grals-Mythos finden sich nur wenige Hinweise darüber, was man mit wirklichen Frauen aus Fleisch und Blut tun soll. Ein großer Teil des Mythos beschäftigt sich hingegen mit der Frage, was man mit der Frau in einem selbst tun soll. Und das ist nun eine Information, die wir dringend brauchen.

Man kann an viele innerseelische Dinge denken, die nicht beachtet werden, indem sie nach außen statt nach innen gewandt werden. Die jungfräuliche Geburt Christi ist zum Beispiel eines davon. Für jeden, der durch einen Individuationsprozeß hindurchgeht, hat sie eine mächtige Bedeutung, weil sie uns mitteilt, daß dies wunderbare Ereignis, die Geburt Christi in uns, durch die Verbindung göttlicher Kräfte mit der immerwährenden menschlichen Seele entsteht. Daß Christus also in *uns* geboren werden kann, wenn unsere Seele Kontakt mit Gott aufnimmt, und indem sie das tut, das ist ebenso wunder-voll und unglaublich wie die jungfräuliche Geburt selbst.

Wenn wir uns wörtlich an die bloß literarische und historische Frage halten – Geschah es nach der Überlieferung wirklich so mit der menschlichen Geburt Jesu? –, dann erfahren wir nichts von der inneren Bedeutung dieses Vorganges und nichts von seiner tiefen Wahrheit, die wir hier meinen. Vieles im Christentum ist eine Aneinanderreihung von Geboten in Beziehung, Zusammenwirken oder Sinngebung unseres inneren Lebens, aber keine Anweisung für unser äußeres Verhalten. Wenige Leute sind sich dieses Unterschiedes bewußt.

Wenn wir die Gesetze verwechseln, die inneren mit den äußeren, wird es schwierig. Wenn ein Mann eine Frau aus Fleisch und Blut nach den Gesetzen behandelt, die zu seiner eigenen inneren Weiblichkeit, zu seiner anima gehören, kommt es zum Chaos.

Schauen wir uns an, was im Mittelalter geschah, als Männer zum erstenmal Kontakt mit der anima aufnahmen. Die anima hatte es schon vorher gegeben, natürlich, aber es ist noch gar nicht so lange her, daß ein Mann die Fähigkeit entwickelte, in eine bewußte Beziehung zu seiner eigenen Weiblichkeit zu treten. Vorher wurde alles instinktiv mit der Frau, die um ihn herum war, ausgelebt. Es war dies die Zeit, als der Mann anfing, die Schwierigkeit und Problematik der anima zu erfühlen und auch ihre Gefahr zu ahnen, was dann die Hexenjagden auslöste. Anstatt die eigene innere Weiblichkeit herauszulassen und sie sich zu gestatten, die Gefahr Nummer eins, wandte sich der mittelalterliche Mann nach außen und verbrannte einige arme Geschöpfe, die kraftlos waren und die sich nicht wehren konnten. Heute sind wir genau an diesem Punkt, wo wir die richtige Frau verbrennen können, nämlich die eigene innere. (Sie zu verbrennen ist freilich nicht in jedem Falle die richtige Praxis; sie wird sich herumdrehen und wird *Sie* verbrennen, wenn Sie es mit ihr tun.) Seit der Zeit der Hexenverbrennungen sind wir nicht sehr viel weitergekommen. Noch immer projizieren wir – diesmal von außen kommend – unsere Beziehungen zu wirklichen Frauen (oder die Mängel in diesen Beziehungen) auf unsere eigene Weiblichkeit.

Die Gesetze des Rittertums bestimmten, daß man ritterlich zu seiner Frau sein sollte, sie nicht anfassen, sondern sie behandeln sollte, als sei sie die Königin des Himmels. Das Rittertum entwickelte nicht viel Sinn bei der Beschäftigung mit der Frage im Umgang mit wirklichen Frauen aus Fleisch und Blut. Es gibt jedoch einige Ausnahmen von der Regel. Die äußere Frau erheischt größten Respekt und Zärtlichkeit, aber sie wird meist unglücklich sein, und die Dinge werden nicht gut laufen, wenn ein Mann sie mit seiner inneren Frau verwechselt.

Um mehr zu lernen über das Verhalten der inneren Frau im Manne, müssen wir einige wichtige Unterscheidungen zwischen Empfinden, Gefühl und Stimmungen, sprich Launen, vornehmen. Die meisten Leute werfen diese Erfahrungen unterschiedslos durcheinander. Für sie ist eine Stimmung oder Laune ein Gefühl oder eine Empfindung. Wir dürfen das aber nicht tun, denn gerade die Unterscheidung zwischen diesen erfahrbaren Seelenlagen befähigt einen Mann, seine innere Frau zu differenzieren, und sie hilft ihm auch, klarzusehen, *wie* sie in seiner Seele arbeitet. Wir wollen uns dem etwas zuwenden.

Empfindungen sind eine Summe von Energie, die auftritt oder die in Bewegung gesetzt wird in einem Menschen, meist durch ein erregendes Erlebnis. Ihr Hauptmerkmal ist Energie. Empfindungen sind moralisch neutral; sie können gut oder destruktiv sein, das hängt davon ab, wie und wo sie eingesetzt werden. Sich über etwas wirklich aufregen, kann viele Empfindungen in Gang setzen, und sie können manches Schöne ins Leben bringen. Auch in der Depression gibt es Empfindungen: man ringt mit den Händen, läuft im Kreis auf dem Teppich herum oder jagt nach irgend etwas, auf das man schlecht zu sprechen ist. Empfindungen, definiert als Energie, das ist noch verhältnismäßig einfach zu verstehen.

Schwieriger ist es schon, Gefühle zu beschreiben. Das Wort wird zu allgemein gebraucht und ungenau dazu, und deshalb verlor es weithin seinen Nutzen. Ich neige dazu, das Wort Gefühl zu gebrauchen, um auf präzise Weise ein besonderes Erlebnis zu beschreiben. Fühlen ist ein Vorgang des Wertens und des Abschätzens. Es ist nicht notwendig erregend heiß, und es vergeht nicht so schnell wie Empfindungen verfliegen. Gefühle sind die rationale Fähigkeit, die Erfahrungen erst ihren Wert verleihen. In diesem Sinne gebraucht Jung den Ausdruck in seiner Definition von Denken, Fühlen, Empfinden und Intuition.

Man denkt an irgend etwas, macht sich eine verstandesmäßige Vorstellung davon, man «versteht», aber ein Gefühl ist das noch nicht. Es gibt keine Empfindung, die mit einem Werturteil verknüpft ist. Wenn man und solange man empfindet, hat man noch keinerlei Beziehung zu Urteilen.

Der Akt des Denkens wiederum ist verschieden vom Vorgang des Fühlens. Fühlen heißt, einer Erfahrung Wert beilegen. Wenn man also fragt, wie man in bezug auf etwas fühlt, müßte die richtige Antwort lauten, daß es sich gut oder

schlecht, schrecklich oder schön anfühlt. Erst durch das Fühlen geben wir einer Sache einen Wert.
Dann gibt es noch die Stimmungen, die Laune. Das ist eine dornige Angelegenheit; die Stimmung[1] ist schon eine eigenartige Sache. Stimmungen sind kleine Psychosen, ein Besessensein. Die Stimmung eines Mannes entsteht, wenn er vom femininen Teil seiner Natur überwältigt wird. Schön werden Stimmungen zum Beispiel beschrieben in den Mythen der Hindu in Gestalt der Maya, Göttin der Illusion. Stimmungen haben bedeutet, überwältigt oder besetzt sein durch einige innere feminine Inhalte im Unbewußten eines Menschen. Wird jemand von einer Stimmung gepackt, so ist das so, als ob ein Mann zur unterwertigen Frau wird. Die Umgangssprache drückt das recht passend aus: Ein richtiges Ekel ist er geworden; das ist es.
Der Mann ist selten, der sehr viel über seine innere weibliche Komponente weiß, über seine anima, oder der viele Beziehungen zu ihr unterhält. Seien wir aufrichtig: wenn ein Mann den Weg der Selbstfindung beginnt, ist es dringend erforderlich, daß er seine anima entdeckt, sie gleichsam in eine Flasche füllt und sie fest mit dem Korken zustöpselt. Es wird notwendig werden, sie eines Tages wieder herauszulassen, aber zunächst muß er lernen, von ihren Meinungen und Launen nicht kontrolliert oder nicht von ihren Verführungen geleitet zu werden. Den Korken auf die Flasche zu stöpseln ist jedoch nur der erste Schritt. Der nächste und weit wichtigere Schritt ist, damit anzufangen, eine Beziehung zur anima herzustellen als der inneren weiblichen Gefährtin, die mit dem Manne gehen möchte, die ihm Stärke verleiht und die sein Leben wärmen möchte.

---

[1] Anm. d. Ü.: mood im Original.

Am Ende hat der Mann nur zwei Alternativen[1]: entweder er weist die weibliche Seite in sich zurück, dann wendet sie sich gegen ihn in Form schlechter Stimmungen und Launen sowie untergründiger Verführungen[2]. Oder er nimmt seine weibliche Seite an, in sich und im Leben, und sie gibt ihm Wärme und Kraft.

Einige Männer scheinen ein enormes anima-Potential in sich zu tragen; das heißt, sie haben mehr vom Femininen in sich. Das ist in sich weder gut noch schlecht. Wenn sie diese feminine Seite gut zur Entfaltung bringen können, dann können sie hochkreative Männer sein und nicht weniger männlich, gerade wegen ihrer mächtigen weiblichen inneren Seite. Das sind die Künstler, die Propheten, die Intuitiven, sensitive Männer, die für jede Gesellschaft kulturell so wertvoll sind. Wenn Sie Ihre innere Frau nicht finden können, wird sie Ihnen davonlaufen und Sie wahrscheinlich zerstören, ehe Sie mit ihr Kontakt aufgenommen haben. Jede zurückgewiesene Frau wendet sich ins Negative, da macht die «innere Frau» im Manne keine Ausnahme.

Die Beziehung eines Mannes zu seiner anima zeigt sich auf seinem Gesicht. Sie brauchen nur die Straße entlang zu schlendern und die Männer zu beobachten, die Ihnen entgegenkommen, um sofort einen Eindruck davon zu gewinnen, wie es um ihr Verhältnis zu ihrer anima bestellt ist. Ein Mann *ohne* Beziehung zu seiner femininen Seite schaut ent-

---

[1] Anm. d. Ü.: Strenggenommen ist es nur *eine* Alternative, Johnson meint hier: zwei Möglichkeiten.
[2] Anm. d. Ü.: Damit ist auch gemeint die Perversion, gleichsam als negativer Ausdruck und als negative Leistung der Psyche infolge launenhafter Weiblichkeit. Bekanntlich werden im Alltagsdeutsch Homosexuelle häufig als «Tunten» bezeichnet. Hier liegt vom Phänomen her durchaus eine Übereinstimmung mit Sigmund Freud vor.

weder hart und unbeweglich aus, oder er ist verbittert und von innen her zerfressen. Über Abraham Lincoln gibt es eine kleine Geschichte. Nach einem Gespräch mit jemandem sagte er zu seinem Sekretär: «Das Gesicht dieses Mannes gefällt mir nicht.» Und der Sekretär antwortete: «Aber für sein Gesicht kann er doch nichts, für sein Aussehen ist er doch nicht verantwortlich.» Lincoln antwortete: «Ein Mann über vierzig *ist* für sein Gesicht verantwortlich.»

5

Kehren wir noch einmal zurück zum Unterschied zwischen Fühlen (der Fähigkeit, zu werten) und den Stimmungen und Launen (das Überwältigtwerden oder Besetztsein durch einen inneren femininen Anteil). Wenn ein Mann eine gute Beziehung zu seiner anima unterhält, ist er fähig zum Fühlen, er kann seine Emotionen einschätzen, und er kann das für sein Leben wichtig finden. Wenn ein Mann *keine* Beziehung zu seiner anima hat, kann er keinen Lebenssinn finden und er besitzt auch nicht die Fähigkeit zum Werten. Hier treffen zwei innere Erfahrungen hart aufeinander, durch die ein Mann aber hindurchgeht. Was uns die Grals-Erzählung immer wieder sagen will, ist, daß ein Mann in seiner Beziehung zu seiner inneren Weiblichkeit sich durchaus auf sie beziehen kann, auf die «innere Frau», aber nur auf der Ebene des Fühlens und nicht auf der schwankenden Plattform der Launen. Parsifal hat die Anweisung, durch Fühlen Beziehung zu Blanche Fleur aufzunehmen, das heißt zu seiner anima, was einen edlen, nützlichen und auch schöpferischen Sinn hat; nicht in einem verführerischen Sinn, der zerstörerisch wirken muß. «Nicht verführen und sich nicht verführen lassen» – beides ist nicht zulässig, soll jemand den Gral finden. Das bedeutet, man soll nicht zum Raub von Stimmungen und Launen werden. Sobald ein Mann in eine Stimmung hineinrasselt, hat er nicht mehr die Fähigkeit, eine Beziehung herzustellen, keine Kraft mehr zum Fühlen und deshalb auch keine Fähigkeit mehr zum Werten.

Jede Frau weiß das. Wenn ihr Mann in eine Stimmung oder

Laune gerät, kann sie diesen Tag streichen oder wenigstens diese Stunde: er ist jetzt nicht erreichbar. Er ist für eine Beziehung einfach nicht zu haben, wenn er von Stimmungen beherrscht wird, selbst wenn es eine gute Stimmung ist.

Gottes Stimmungen hingegen *sind* freudig, sie sind noch ein Ausdruck von innerem Besitz. Die Göttin Maya, Göttin der Täuschung, tut nichts – aber sie *ist* böse. Stets, wenn die werbende Göttin Maya erscheint, ist Schluß mit aller Wirklichkeit, aller Objektivität, aller Kreativität. Oder, in Begriffen unseres Mythos, wenn Sie eine schöne Frau verführen oder sich von ihr verführen lassen, gemeint ist damit wieder die anima, haben Sie keine Chancen mehr am Gral. Mythen und Träume übermitteln das.

Ich bin allerdings nicht der Meinung, daß die Chancen am Gral für immer dahin sind, aber für den Augenblick sind sie vertan. Wenn ein Mann von seiner anima verführt wird, wenn die Göttin Maya von ihm Besitz ergreift und ihre Zaubersprüche webt, ist er verloren. Er kann keinen Gedanken mehr fassen, er kann nicht funktionieren, er kann keine Beziehung herstellen. Er glaubt, daß er viel schafft, und allerhand Aufruhr und Gemütsstürme sind in ihm, aber er ist nicht im Besitz seiner *ursprünglichen* Kräfte, bis die Stimmungen und Launen vorüber sind oder bis er sie aufgibt.

Sie wissen schon, was passiert, wenn ein Mann eine Beute von Launen wird. Alle Dinge erhalten die Färbung der Stimmung, in der er sich gerade befindet. Wenn er morgens mit dem falschen Bein aufsteht, das heißt, wenn die Stimmung ihn schon «hat», sieht alles schlecht aus. Schon ehe er die Zeitung zur Hand nimmt, weiß er, daß die Börsenkurse gefallen sind. Er braucht gar nicht erst aus dem Fenster zu schauen, um zu behaupten, daß es regnet. Er ist davon überzeugt, daß alles danebengeht, und wenn nicht alles danebengeht, sorgt *er* dafür, daß alles schiefläuft. Er prägt seiner Umwelt seine innere Verfassung auf, in die er selbst getaucht ist. Seine Stimmung wirkt außerdem wie eine Infektion, und schon bald hat er Frau und Kinder außer Fassung gebracht, falls sie nicht rechtzeitig merken, was vor sich geht.

Das gilt vor allem für seine Frau. Denn irgendwie fühlt sie sich schuldig für die schlechte Laune ihres Mannes. Was hab' ich nur getan, denkt sie für sich. Die Tatsache, daß ihr Ehemann denken wird, *sie* sei verantwortlich, hilft ihr aber nicht. In ihrer Pein wird sie alles verkehrt machen – wie ihren Mann angreifen mit ihrem animus, der männlichen Seite in ihr. Sie fühlt sich gezwungen, irgendwie durch die Stimmungen durchzubrechen und herauszufinden, was vor sich geht. Dennoch wendet sich alles zum Schlechten, und gewöhnlich endet alles in einer königlichen Schlacht zwischen der launenhaften Frau im Manne und dem zornigen Mann in der Frau. Das ist die schlimmste Form des Gefechtes zwischen der weiblichen Seite im Manne und der männlichen Seite in der Frau, weil die beiden völlig besetzt davon sind. Das ist die Situation, in der die wirklich dunklen und unheimlichen Dinge geschehen.

Aber so *muß* es nicht sein, wenn die Frau sich vergewissert, daß es nicht ihre Schuld ist, wenn es ihrem Mann so schlecht geht. Seine Launen sind *sein* Problem. Und wenn sie sich eine Zeitlang heraushält und ihre Schuldgefühle stoppt, wird er schon aus seiner bösen Stimmung wieder herausfinden.

Eines der ersten Kennzeichen einer Laune ist es, daß sie uns aller unserer Sinne beraubt. Beziehung ist notwendig, wenn wir ein Gefühl von Sinn und Erfüllung haben sollen. Wenn es um jemandes Fähigkeit schlecht bestellt ist, Beziehungen herzustellen, hat das Leben für ihn keinen Sinn mehr. Depression ist eine andere Form der Stimmung. Man findet den größten Teil des Gehaltes einer Psychose in der anima eines Mannes. Es ist ein Überflutetwerden, eine Besessenheit. So ist eine Stimmung oder Laune ein kleines Verrücktsein, eine leichte Psychose, die einen da überkommt.

Wenn Sie irgend etwas gekauft haben und Sie betrachten es am nächsten Tag und fragen sich: «Was um alles in der Welt habe ich getan?», das ist dann das, was eine Laune anrichten kann. Ein Mann kann hell begeistert sein von seiner neuen Angelausrüstung oder einer Neuerung für sein Boot. Die anima beschlagnahmt und verlangt höchst unpraktische Sachen: Angelgerät, die neuesten Nylonleinen, luxuriöse Autos oder etwas Ähnliches. Das ist das Feld der anima. Wenn wir sehen, welch ein Getöse ein Mann um diese Dinge macht, wissen wir gleichzeitig, daß in der nächsten Woche die neuen Sachen tot wie eine Makrele sind. So viel Geld ausgegeben. So viel Energie vergeudet – durch Stimmungen. Herrgott nochmal! Ich zweifle, ob es einen Haushalt gibt, der nicht viel Aussonderungsreifes aufeinander gehäuft hat – als Ergebnis von Attacken der anima, von «guten» Launen, die uns vorantreiben.

Nun kann man nicht sagen, ein Mann solle *das* tun oder er solle das *nicht* tun. Ein Mann kann an einem Samstagnachmittag seine Angelausrüstung hernehmen und wirklich schöne Stunden verbringen, und er kann sich dabei erholen. Am nächsten Samstag kann er seine ganze Ausrüstung zusammenklauben und dabei von einer anima-Attacke geritten werden. Dabei geht es dann gar nicht um die Ausrüstung, es ist dies oder jenes: irgend etwas hat von ihm heimlich Besitz ergriffen. Es ist die «anima-Infektion», die die Schwierigkeiten auslöst.

Ein Mann ist nicht Herr im eigenen Haus, wenn er in Launen verfällt. Er wird von seiner Laune in Trab gehalten. Er ist nicht in der Lage, damit umzugehen. Er ist außerdem überkritisch gegenüber der nächsten Frau, die in Reichweite ist. Etwas weiß in ihm, daß die Frau in ihm, die innere Frau, gefährlich ist. So kritisiert er seine Frau, jedoch nur solange er nichts von *seiner* inneren Frau weiß.

Gournamond schärft Parsifal ein, er solle weder verführen, noch sich verführen lassen. Man wird nicht nur durch die anima verführt, man kann auch versuchen, die anima zu verführen. Wenn gesagt wird, man solle die innere Frau nicht verführen, bedeutet das, glaube ich, daß man nicht nach guten Stimmungen Ausschau halten soll. Der Mann braucht seine feminine Seite nicht zu vergewaltigen. Er mag nach Befriedigung und Erfüllung fragen, aber er braucht nicht nach guten Launen Ausschau zu halten.

Hier liegt eine Unterscheidung vor, die wahrzunehmen die meisten Leute unfähig sind, bis sie etwas psychologisches Verstehen entwickelt haben. Diese überschießende, mit dem Gefühl, an der Spitze der Welt zu stehen, verbundene, brodelnde, halb aus der Kontrolle geratene Laune, für die unter Menschen oft ein so hoher Preis gezahlt wird, ist eine gefährliche Sache, außerdem ist es eine Verführung. Der Mann hat dann nämlich seine anima verführt. Er hat sie an der Gurgel und spricht: «Mach mich glücklich – oder...» Das ist eine vollständige Vergewaltigung. Und später zahlt er einen hohen Preis dafür: nach dem Gesetz des Ausgleichs muß danach die Depression kommen, damit wieder eine Balance hergestellt wird.

Vor langer Zeit lernte ich, Erlebnisse nicht im voraus machen zu wollen. Wenn ich dabei bin, diese Erkenntnisse in den Wind zu schlagen, muß ich gleichsam meine Hände festhalten, oder ich habe schon alles zerstört, ehe ich richtig angefangen habe. Das wäre eine Verführung der anima. Wenn ich dann damit anfange, auch noch einigen Genuß daraus zu ziehen, besonders, wenn es im voraus geschieht, werde ich alles kaputt machen.

Das ist fast schon ein amerikanischer «Sport». Wir denken, es sei unser von Gott gegebenes Recht, glücklich zu sein, im Sinne von Glück als Laune. Und gerade *das* geht nicht. Ich kenne zwei Jungs, die eine Reise mit dem Zelt planten. Tage vorher malten sie sich aus, wie großartig alles werden würde. Alle charakteristischen Launen entwickelten sich. Kleinigkeiten der Ausrüstung erhielten plötzlich die Bedeutung des Heiligen Grals. Sie bewunderten die Schärfe dieses Messers hier oder die Reißfestigkeit jenes Stückchens Seil dort. Diese beiden Burschen zogen alles Glück aus Erlebnissen, die noch *vor* ihnen lagen. Ich fand heraus, daß sie zum See Tahoe gingen, dort einen halben Tag herumtrödelten, nicht wußten, was sie machen sollten, in ihr Auto stiegen und nach Hause zurückfuhren. Sonst passierte nichts. Sie hatten das ganze Leben im Vorgriff ausgekostet.

Amerikaner verlangen nach guten Launen. Wir denken, es sei unser uns von Gott gegebenes Recht, die Hand auszustrecken und etwas von der Hure in uns zu bekommen. Und deshalb werden wir oft so traurig, denn wenn unsere Erwartungen enttäuscht werden, fallen wir in eine schlechte Stimmung.

Manche Menschen trachten danach, in einer beständigen Stimmung oder Laune zu leben. Das ist sehr anstrengend. Niemals werde ich den Tag vergessen, als es in mir zum erstenmal dämmerte, daß ich Launen nicht nachgeben dürfte. Das war beinahe eine Offenbarung! Ich dachte bis dahin, daß man eine Laune bekomme, wie man eine Erkältung bekommt. Man läßt sich von ihr peinigen, man erträgt sie und schont andere Leute, so gut man kann.

Aber – wir können noch etwas Besseres tun. Für einen Mann ist es äußerst vorteilhaft, darüber genug zu wissen und klug genug zu sein, eine Laune zurückzuweisen und sie schließlich ganz wegzuschieben. Man fällt einfach nicht in eine dieser dunstig-undurchsichtigen, Maya-ähnlichen Schleiergebilde aus dem Unbewußten. Manchmal kriecht eine Laune unmerklich heran, und man weiß um alles in der Welt nicht, was eigentlich los ist. Die Dinge werden grau. Nehmen Sie das nicht hin. Lassen Sie sich nicht verführen! Begeben Sie sich nicht in diesen unterströmigen Fließsand. Diese Situation ist sehr verführerisch, und wie leicht gerät man da hinein. Aber – wir brauchen nicht hineinzufallen, wenn wir wissen, was mit uns los ist.

Wenn ein Mensch krank ist, ist er Launen besonders ausgesetzt. Seine verfügbaren physischen Kräfte sind nicht so groß, und er ist verwundbarer. Und trotzdem ist es nicht notwendig, in eine Laune – wie sie hier gemeint ist – zu fallen. Jemand kann sich nicht gut fühlen und unglücklich sein; das ist nichts Ehrenrühriges. Aber wir dürfen nicht in diese blaue, angstvolle Welt eintauchen und eine kleine Laune darüberdecken. Zugegebenermaßen, wenn wir krank sind, ist das alles schwieriger.

Manchmal machen es äußere Umstände einem Manne recht schwer, Launen zu vermeiden, vor allem, wenn eine Frau es darauf angelegt hat, ihren Mann hochzubringen und zu ärgern. Aber es fällt noch in die Verantwortung eines Mannes, zu wissen, was da in ihm vor sich geht, so daß er nicht besetzt wird von seiner Laune. Ein Mann, der diese Art von Selbsterkenntnis besitzt, beginnt Ich-Stärke zu entwickeln. Ein Mann ist im Kern kraftlos in seiner Laune, weil er seiner inneren Frau als Kind gegenübertritt. In dieser Lage will er keine psychologischen Einsichten und keine Erklärungen hören, sondern er will beachtet und umsorgt werden. Es verlangt schon einen starken Mann, um einer Laune standzuhalten, und das heißt nichts anderes, als seiner Kindlichkeit zu widerstehen, sich loszulösen von seiner Mutter-Bindung.

Nun müssen wir noch einen anderen Ausdruck beachten: Enthusiasmus. Zwischen Laune und Enthusiasmus gibt es einen feinen, aber bedeutsamen Unterschied. Das Wort Enthusiasmus ist ein schönes Wort. Im Griechischen bedeutet es: «Von Gott erfüllt sein.» Es ist einer der feinsten Ausdrücke der englischen Sprache. Wenn jemand von Gott erfüllt ist, dann fließt eine starke Kreativität – und Stabilität wird sich einstellen. Wenn jemand von seiner anima erfüllt ist, mag jemand auch Kreativität fühlen, aber das geschieht, ehe eine seelische Nacht hereinbricht. Man muß klug genug sein, um den Unterschied zwischen Gott und anima zu erkennen; die meisten Männer sind so einsichtig nicht. Man kann nicht ohne weiteres an einem anderen Menschen erkennen, ob er in einem unbegrenzten und zerstörerischen Taumel nach oben gerissen wird, oder ob Gottes Gnade und Wohlwollen ihn streift, was gut ist. Wir sagen, jemand befindet sich in guter Laune. Wenn wir damit ausdrücken wollen: er ist *vom Grunde her* glücklich, dann ist das eine feine und vortreffliche Sache. Lachen ist etwas Positives und Kreatives, solange es nicht aus einer Laune heraus kommt. Es ist die innere Verfassung in einem Manne, aus der das Lachen und das, was nach Glücklichsein ausschaut, hervorbricht und was ihm sein Zeichen aufdrückt. Ist er in dieser Lage anima-besessen, wurde er von einer schönen Frau verführt, entwickelt sich nur Zank und Streit.

Das kann man einem Menschen anmerken. Ist er nervös, angespannt und innerlich verklemmt, dann ist wahrscheinlich eine Verführung im Gange. Und für sie wird er zahlen müs-

sen, und nur zu gerne würde er jeden, der in Hörweite ist, mitbezahlen lassen, ehe diese Situation vorüber ist. Hat die ganze Sache eine schöne Qualität, ist er zwanglos mit ihr verbunden, dann ist es wahrscheinlich ein richtiges, legitimes Glücklichsein, das durch ihn hindurchzieht. Mißgönnen Sie es ihm nicht!
Im allgemeinen wird eine Laune ihren Lauf bei einem intelligenten Mann nehmen. Wenn eine Frau sie nicht vorzeitig zur Auflösung bringt, wird der Mann selbst sie zum Stehen und zur Auflösung bringen. Er wird seine Sinne irgendwann wiedergewinnen; dann wird er sagen: «Warte, wir sollten besser darüber nachdenken.» Das ist genau das, was seine Frau fünf Minuten vorher gesagt hat: «Na, mein Lieber, meinst du nicht, wir sollten darüber besser etwas nachdenken?» Da wollte er es aber nicht.
Wenn eine Frau herumnörgelt, ist es für einen Mann doppelt schwer, aus seiner Laune herauszufinden. Herumstacheln intensiviert die Laune. Ein Mann erlebt wirklich eine Not, wenn er von Launen besetzt ist. Er braucht jetzt Hilfe, kein Herumgiften; weibliche Hilfe braucht er. Er wird es Ihnen äußerlich vielleicht nicht danken, aber innerlich wird er Ihnen schon schrecklich dankbar sein.
Wenn eine Frau die Laune eines Mannes teilen muß, tut sie im allgemeinen das Verkehrte. Sie kehrt ihren animus hervor, dieses kritische Ding, und sagt: «Schau her, das ist alles Unsinn, hör auf damit. Wir brauchen keine Angelleinen mehr.» Genausogut hätte sie Benzin ins Feuer gießen können. Ein anima-animus-Schlagabtausch findet statt, und alle verlieren dabei. Jeder hat den anderen im Griff, aber jeder ist auf seiner anderen Seite in der Hand der Göttin Maya. Und diesen Nachmittag können sie streichen.
Es gibt jedoch einen Punkt, an dem ein Schutzengel er-

scheint, den die Frau hervorbringen kann, wenn sie fähig und willens ist, das zu tun. Wird sie «femininer» als die Laune, die ihren Mann attackiert, kann sie für ihn die Laune vertreiben. Aber das ist sehr, sehr schwierig für eine Frau. Ihre automatische Reaktion ist es zunächst, das animus-Schwert draußen zu lassen und anzufangen, damit herumzuschlagen. Wenn die Frau aber geduldig mit ihrem Mann sein kann und nicht gleich kritisch ist, wenn sie für ihn eine tiefe weibliche Qualität darstellt, wird er gewiß aus seiner Laune herauskommen, sobald sein Verstand hinreichend wieder da ist, um derartige feine Unterschiede zu erfassen. Eine Frau kann dazu einen großen Beitrag leisten, wenn sie von ihrer echten weiblichen Seite aus agiert. Sie muß eine reife Weiblichkeit haben, so zu handeln; eine Weiblichkeit, die stark genug ist, der unechten Weiblichkeit gegenüberzutreten, die der Mann produziert. Auf der einen Seite wird der Mann sehr gerne alles auf sie projizieren; dabei ist er absolut sicher, mit einer Hexe verheiratet zu sein, und er ist überzeugt davon, daß seine schlechte Laune allein *ihre* Schuld ist. Mag schon sein: sie nörgelt herum; aber *er* muß sich mit *seiner* inneren Frau auseinandersetzen, mit *der* hat er es zu tun, *nicht* mit seiner wirklichen Frau.

Es gehört zur Natur von animus und anima in ihrer einfachen, primitiven Form – das gilt für die meisten von uns –, in Projektionen zu leben. Wenn ein Mann von einer Laune befallen wird, behauptet er gewöhnlich, es sei seine Frau, die ihn verhext habe. Wenn die innere Frau eines Mannes herumtobt, möchte er gern auch die äußere Frau in Rage sehen, ob sie damit nun einverstanden ist oder nicht. Andererseits gilt, daß, wenn ein Mann eine gute Beziehung mit seiner inneren Frau unterhält, es auch mit der äußeren Frau ganz gut laufen wird.

Eine Frau hat ihre Launen besser unter Kontrolle. Sie kann sie einsetzen. Sie probiert sie gleichsam an und schaut, wie sie ihr stehen. Wenn erforderlich, wechselt sie sie mitten im Strom. Ein Mann hat nicht so viel Kontrolle über seine Launen. Seien wir ehrlich: meistens hat er überhaupt keine Kontrolle über sie. Viele Frauen sind wahre Meister in den weiten Gefilden der Gefühle, nur wenige Männer können da mithalten. Viele Schwierigkeiten rühren daher, daß eine Frau annimmt, ein Mann habe die gleiche Kontrolle über seine Launen wie sie über die ihrigen; aber das hat er nicht. Das muß *sie* verstehen, und sie muß ihm Zeit lassen oder ihm ein bißchen dabei helfen.

Frauen, die ihr Leben mit einem jener fremdartigen Wesen teilen müssen, die männlich genannt werden, sollten zwanglos und beruhigend mit dem Mann umgehen, wenn ihn eine Laune befällt. Denn im Angesicht einer Laune ist er ziemlich hilflos. Er braucht Hilfe. Wenn es eine Regel für die Ehe gibt, die man verstehen sollte, dann *die,* daß in dem Augenblick eine Frau alle Urteile und Kritiken so gut es geht zurückhalten sollte, wenn ein Mann einer Laune verfällt. Wenn der Mann später wieder er selbst ist, werden sie in der Lage sein, über das zu reden, was ihn so sehr gebeutelt hat. Auf diesen Augenblick zu warten, ist sicherlich schwer für eine Frau. Aber wenn sie sich klarmacht, daß seine Launen *sein* ureigenes Problem und nicht etwa ihr Versagen sind, kann sie in der Regel die kluge Geschicklichkeit aufbringen und auf den richtigen Augenblick warten, um erkennen zu können, wie das eigentliche Problem heißt.

Ein Mann kann realistischerweise nicht davon ausgehen, niemals von einer Laune überwältigt zu werden. Aber er kann sich Gewißheit verschaffen, wenn er von ihr beherrscht wird, daß er von irgend etwas überwältigt wurde.

Ein Mann hat sich noch halbwegs unter Kontrolle, wenn er zu sich sagen kann: «Ich werde von meiner anima geritten.» Wenn er dann außerdem noch zu seiner Frau sagen kann: «Schlechte Stimmungen beherrschen mich. Das ist nicht deine Schuld. Aber bitte, laß mich eine Zeitlang allein», wird er ihr damit einen großen Gefallen tun, und das wird ihn zu erleichtern und zu befreien beginnen. Die Schlacht ist jedenfalls schon halb gewonnen, wenn dem Mann gewahr wird, daß er von einer Laune besetzt ist.
Parsifal und Blanche Fleur sind Beispiele dafür, wie alles richtig läuft. Blanche Fleur verkörpert äußerste Schönheit und Inspiration für Parsifal. Zwischen diesen beiden geht nichts daneben. Es ist eine ideale anima-Beziehung. Wenn Sie lernen wollen, wie man mit dieser eigenartigen inneren femininen Qualität umgeht, dann betrachten und studieren Sie die Beziehung zwischen Parsifal und Blanche Fleur. Sie ist eine Dame. Von dieser Stelle der Erzählung an tut er alles nur für sie.
Goethe kam in seinen späten Lebensjahren zu der bemerkenswerten Beobachtung, Aufgabe des Mannes sei es, Frauen zu dienen. Dann werden auch sie ihm dienen. Er sprach auch über die innere Frau, bei ihm: die Muse. Sie ist die Trägerin von Schönheit, Eingebung und Zartheit der ganzen femininen Seite des Lebens. Schön ist das: jeder dient dem anderen, wechselseitig hinüber und herüber.
In letzter Zeit habe ich einen Haufen von Artikeln über den neuen Feminismus gelesen, an dem mich stört, daß soviel vom Anspruch der Frau die Rede ist, aus ihrer traditionellen Rolle, dem Manne zu dienen, herauszukommen. Sie wächst aus ihrer Sklaverei heraus. In mancher Hinsicht ist dies notwendig, aber in einigen anderen Beziehungen kann es beinahe verhängnisvoll sein. Jeder sollte dem anderen dienen. Das

ist das Ideal. Anders geht es einfach nicht. Man kann nicht leben ohne den Dienst, die Hingabe, ohne die Liebe, ohne die Pflege und die Stärke des anderen. Parsifal weiß davon und stellt die richtige Beziehung zu Blanche Fleur her. Ihr ist er ergeben. Mit ihr liegt er zusammen, Kopf an Kopf, Zehe an Zehe, aber er verführt sie nicht, und er wird von ihr nicht verführt. Durch sie wird er gestärkt. Zärtlich ist er zu ihr, er dient ihr. Er ist ihr nahe. Gegen eine enge Beziehung zur eigenen inneren Weiblichkeit ist nichts einzuwenden; im Gegenteil, je enger, um so besser. Aber die feine Unterscheidung muß erkannt werden: keine Verführung – oder der Gral ist verloren. Parsifal gelingt das.

6

Unsere Geschichte geht weiter. Wir verlassen Parsifal auf der Burg Blanche Fleurs, nachdem er sie befreit hat. Noch immer ist er gegenüber seiner Mutter über das, was er getan hat, in Schuld verstrickt. Erinnern wir uns daran, daß er recht plötzlich von zu Hause fortgegangen war und daß sie an einem gebrochenen Herzen starb.

Es ist interessant, zu sehen, daß Parsifal immer mit seiner Mutter verbunden ist, wenn er etwas wagt oder wenn irgend etwas Wichtiges sich ereignet. Ein Junge muß kräftig werden, ehe er nach seiner Mutter, seinen Eltern, seiner eigenen familiären Lage objektiv schauen kann, bis er gewöhnliche Postkarten schreiben und sich bürgerlich geben kann. Wenn ein Junge sich ein wenig seines Mutter-Komplexes entledigt, so ist das der Beginn einer Chance, mit der Mutter neue Beziehungen aufzunehmen. Aber erst muß er stärker werden und muß ein unabhängiger Mann werden.

Kaum hat Parsifal etwas Kraft von Gournamond und Blanche Fleur erhalten, denkt er schon wieder an seine Mutter. Und wir werden sehen, daß es im tiefen Grunde seine Bindung an die Mutter ist, die allen Kummer herbeiführt. Das ist der größte Stolperstein in der Psyche eines Mannes. Fast kein Mann will das wahrhaben, was vielleicht bedeutet, daß er schon völlig davon aufgezehrt ist. Aber wenn ein Mann sich entwickelt, erhält er eine Chance, eine bessere Beziehung zu seinem Mutterkomplex einzugehen. An jedem Punkt des Fortganges der Grals-Erzählung geht es bei Parsifal darum, daß er von sich aus seine Mutterbindung erneuert.

Den ganzen Tag ist Parsifal unterwegs gewesen, nachdem er Blanche Fleur verließ. Als die Nacht hereinbricht, hat er noch keinen Rastplatz. Er trifft jemanden, der behauptet, daß es im Umkreis von 30 Meilen keine Menschen gibt. Aber gerade jetzt, in der feinen, diesigen Dämmerung, trifft er auf zwei Männer in einem Boot. Der eine fischt, der andere rudert. Derjenige, der angelt, lädt ihn ein, die Nacht bei ihm zu verbringen. Er weist Parsifal die Richtung zu einem Haus und gleitet in seinem Boot davon. Parsifal folgt der gewiesenen Richtung und findet sich schließlich an einem Burggraben, über den eine Zugbrücke führt. Kaum ist er über die Zugbrücke geritten, da wird sie plötzlich hochgezogen. Sie streift gerade noch die rückwärtigen Hufe seines Pferdes, ehe sie einrastet.

Parsifal sieht sich in einer weitläufigen, großen Burg. Als er in den Burghof geht, kommen vier junge Männer, nehmen sein Pferd, ziehen ihm die Kleider aus, baden ihn und kleiden ihn in ein schönes, scharlachrotes Gewand. Dann führen ihn zwei zu dem Mann, den er hat fischen sehen. Das ist – natürlich – der Fischer-König. Der Fischer-König entschuldigt sich, er ist verwundet, krank, und deshalb kann er nicht aufstehen und Parsifal gebührend begrüßen. Der ganze Hof ist versammelt, 400 Ritter und ihre Damen. In der Mitte der großen Halle ist ein Feuerplatz, der in alle vier Windrichtungen zeigt.

Die Symbolik lehrt uns, wenn die Zahl vier auftaucht, signalisiert das Vollständigkeit oder Totalität. Das gilt auch für die Gralsburg. Wenn wir es nicht schon auf andere Weise wußten, die vielen Symbole von Totalität, die auftauchen, sagen es uns: die vier jungen Männer, die 400 Ritter und ihre Damen, die vier Seiten des Feuers.

So also begrüßt der Fischer-König Parsifal, stöhnend in seinem Schmerz. Einige Zeremonien laufen ab, und dann kommt ein feierlicher Zug herein. Ein Junge trägt ein Schwert, von dem unaufhörlich Blut herabtropft. Dann kommt eine Jungfrau und trägt den Kelch, den Heiligen Gral selbst. Eine andere Jungfrau kommt und trägt den Hostienteller vom Letzten Abendmahl. Noch viele andere Dinge gibt es in der Prozession, aber dies sind diejenigen, mit denen wir es hauptsächlich zu tun haben. Ein großes Festmahl wird abgehalten. Der Fischer-König präsidiert von seinem Lager aus. Er kann ja nicht aufrecht sitzen. Als der Grals-Kelch die Runde macht – ohne daß ein Wort gesprochen wird –, beschert er jedem Gast die Speise, die er sich schweigend wünscht. Er braucht nur zu wünschen, und der Pokal spendet die gewünschte Nahrung oder den gewünschten Trank. Ein Silbertablett tut das gleiche. Während der Abend fortschreitet, wird Parsifal immer verwirrter von dem, was vor sich geht. Die Nichte des Fischer-Königs bringt ein Schwert herein und überreicht es dem Fischer-König, der es ihm an die Seite heftet. Das wird Parsifals Schwert. Sprachlos ist Parsifal über dieses Geschenk. Stellen Sie sich das bitte einmal vor: dieser Junge vom Lande in einer Burg mit all diesen Förmlichkeiten, besonders das Wunder des Grals-Kelches. Parsifal bringt kein Wort mehr heraus.

Denken wir noch einmal zurück an Gournamond. Er hat Parsifal eingeschärft, daß, wenn nur der richtige Ritter zur Gralsburg kommt (wenn er Glück genug hat, sie zu finden), er die *eine* große Frage stellen muß: «Wem dient der Gral?» Aber Parsifal denkt in diesem Augenblick mehr an die Mahnung seiner Mutter: «Stell keine Fragen.» So verhält er sich völlig still. Er ist äußerst erstaunt über all das, was sich da vor ihm abspielt. Er fällt in völlige Naivität zurück und beschränkt sich darauf, alles nur zu beobachten.

Der Abend währt. Auf seiner Bahre wird der Fischer-König in sein Gemach getragen. Gäste und Ritter ziehen sich zurück. Zwei junge Männer führen Parsifal an sein Lager, entkleiden ihn und bringen ihn zu Bett.
Morgens, in der Frühe, als Parsifal erwacht, ist keine Menschenseele zu sehen. Er klopft an verschiedene Türen, aber er hört keine Antwort. Er geht hinunter in den Burghof: sein Pferd ist gesattelt und fertiggemacht. Er ruft. Nur ein hohles Echo! Kein Mensch ist da. Er steigt auf sein Pferd und reitet über die Zugbrücke. Wieder rastet sie ein, die Hinterhufe seines Pferdes streifend. Dann verschwindet auch die Gralsburg. Nur Wald ist noch da.
Wir wollen hier etwas verweilen und sehen, wo wir jetzt sind. Die Gralsburg ist der Ort äußerster weiblicher Qualität, und der Grals-Becher ist Ausdruck alles Weiblichen, der Gral ist höchstes weibliches Symbol, das Heilige aller heiligen Dinge in seiner femininen Gestalt. Es ist das, wonach ein Ritter ein Leben lang sucht. Es gibt einem Mann all das, wonach er verlangt, ehe er es ausgesprochen hat. Es ist vollendetes Glück, verzücktes Erlebnis.
Der Punkt, der in diesem Teil der Grals-Erzählung uns am meisten angeht, ist die Mitteilung, daß ein Junge manchmal in die Gralsburg erst in seinem mittleren Lebensalter hereinstolpern kann, ohne daß er es verdient und ohne daß er danach gefragt hat. Vielleicht verbringt jeder Junge als Heranwachsender einmal einen Tag in der Gralsburg und erlebt Vollkommenheit.
Die ersten beiden Sätze in einem Buch, das mir heute in die Hände fiel, lauten: «Wir alle haben in einem Augenblick die Vision unserer Existenz als Einheit gehabt, nicht übertragbar und sehr kostbar. Der Umbruch findet fast immer im Jünglingsalter statt.» Das ist es, was ich meine.

Üblicherweise hat ein Mann das verdrängt, aber wenn er sich zurückerinnert, gab es irgendwann einmal den Augenblick, als er in die Gralsburg geriet. Normalerweise geschieht das um die fünfzehn oder sechzehn Jahre herum. Mitten in der Nacht wacht man auf, geht hinaus und spaziert im Mondschein daher. Dabei handelt es sich nicht immer um eine Liebesangelegenheit – aber oft fällt das zusammen mit dem ersten Verliebtsein.

Es ist ein einsames und einzigartiges Erlebnis. Es mag sich zusammen mit anderen Dingen abspielen, aber im Grunde ist es ein einzigartiges Erlebnis. Ich erinnere mich an einen Jungen, der mir erzählte, er sei an einem Sommermorgen, als er fünfzehn war, aus dem Fenster gesprungen und nach draußen gegangen, um den Sonnenaufgang zu beobachten. Dann sei er wieder durchs Fenster hereingeklettert, sei aufgewacht und sei zum Frühstück runtergegangen, so, als sei nichts geschehen. In diesen frühen Dämmerstunden war er in seiner Gralsburg gewesen.

Manche Leute sind klug, mutig und aufrichtig genug, von solchen Ereignissen zu berichten. Dichter sprechen oft von solchen Morgen in der Frühe des Lebens, wenn sie Schönheit, Verzückung, die goldene Welt entdecken.

Die Gralsburg existiert natürlich nicht wirklich als Burg in der Realität. Sie ist eine innere Wirklichkeit, ein Erlebnis der Seele. Auf der Ebene des Bewußtseins wird es wahrscheinlich am besten beschrieben: ein Junge wacht auf mit etwas Neuem in ihm, einer Kraft, einer neuen Erkenntnis, einer Stärke oder einem nie zuvor geschauten Bild. Das ist die Gralsburg. Er kann es nicht beschreiben oder es anderen deutlich machen; nur wird er von nun an nicht mehr derselbe sein. Manche Leute hänseln einen Heranwachsenden aus seiner Gralsburg heraus. Das sollte man niemals tun. Denn für ihn ist das

eine heilige Sache. Nichts Schöneres wird ihm je widerfahren, nichts wird jemals bedeutungsvoller oder formender für ihn sein.
Ist er außerhalb seiner Gralsburg, geht es ihm schlecht. Er kann an nichts mehr denken. Nichts wird von nun an geschehen, was dem Blick in die Gralsburg vergleichbar wäre. Wenn er die Erinnerung an die Gralsburg aus seinem Gedächtnis verbannt: sein Verlangen danach wird ihn vom Unbewußten her aufzehren.
Es gibt ein altes Sprichwort aus dem Mittelalter, daß ein Mensch zweimal in seinem Leben eine Chance bekommt, die Herrlichkeit Gottes, die «goldene Welt», zu schauen: einmal in seinen frühen Jünglingsjahren und dann noch einmal, wenn er fünfundvierzig oder fünfzig ist.
Parsifal kommt viele Jahre später zur Gralsburg zurück und – stellt jetzt die richtige Frage.
Diesmal allerdings stolpert er nur so herein und kann mit alledem nichts anfangen, wenn es ihm zum erstenmal begegnet. Er versteht nicht, worum es geht. Aber er *sieht* die Gralsburg. Er wird davon berührt, beinahe schicksalhaft. Manchmal zerstört es ihn, häufiger aber entflammt es in ihm eine wilde, zwanghafte Art von Suchen. Es ist die Triebkraft, bewußt oder unbewußt, für den größten Teil des Restes seines Lebens. Denn einmal in der Gralsburg hat er vollendetes Glück erfahren. Er hat erlebt, daß die Gralsburg ihm äußerste, vollkommene Zufriedenheit, Schönheit und Freude schenken kann. Eines Tages, wenn er dies alles einmal verliert, wird er zum Grals-Sucher, ein schnaubendes, zweifelndes Tier, das die Erde aufkratzt, um noch einmal die Schönheit zu finden, die es so kurz nur sah. Sein innerer göttlicher Hunger zwingt ihn, alles zu erklimmen, was erklommen werden kann, dies und das zu versuchen, in restloser Suche

nach der verlorenen Gralsburg. Der Gral gewährt vollkommene Befriedigung und Ganzheit. Wenn man dies einmal gehabt hat, wie kann man dann ein normales, übliches Leben führen?

Parsifal kann in der Gralsburg nicht bleiben, weil er es versäumte, *die* Frage zu stellen, die zu fragen Gournamond ihm aufgab. Er blieb still, weil er der Mahnung seiner Mutter folgte und nicht Gournamond. Seine Mutter-Bindung kostet ihn die Chance, an der Gralsburg zu bleiben.

Die Mutter-Bindung eines Mannes erlaubt es ihm nicht, in der Gralsburg zu bleiben, wenn er sie erstmals betritt. Wenn ein Mann von seiner Mutter nicht mehr am Schlawittchen gepackt werden kann, dann kann er weiter in der Gralsburg leben, sobald er *die* Frage gestellt hat.

Hat ein Junge ein sehr starkes Grals-Erlebnis, dann hält es ihn völlig gefangen. Jugendliche, die anscheinend ohne jedes Ziel oder ohne jede Vorstellung über die Richtung ihres Weges herumstolpern, sind oft junge Männer, die durch ihr Grals-Erlebnis halb blind geworden sind.

Die meisten Männer finden das alles so schwierig, schmerzhaft und unbegreiflich, daß sie es im Nu verdrängen und lediglich feststellen: «Ich kann mich daran einfach nicht erinnern.» Aber wie bei allem ins Unbewußte Zurückgedrängten: weit davon entfernt, es wirklich losgeworden zu sein, steckt es überall: hinter jedem Baum, hinter jeder Tür lauert es, es guckt über jedermanns Schulter, wer uns auch gegenübersteht.

So betrachtet, ist manches von dem Imponiergehabe eines Zwerghahnes auf der Hühnerstange bei einem Jungen die nach außen gewendete Seite des Grals-Erlebnisses. Es trifft ihn so sehr, daß er dem nicht standhalten kann, und er versucht, sich einzureden, er sei eben sehr zäh, Schmerzen zu ertragen.

Die Sehnsucht nach dem Gral erstreckt sich auf viele Dinge. Es ist schrecklich, sich diesen Hunger in uns einzugestehen. Wenn ein Mann mutig genug ist, weiß er, von welchem Hunger ich hier spreche. Es ist ein Hunger, der gestillt werden muß. Irgend etwas muß er jetzt haben, aber er ist nicht sicher, was. Es ist der Samstagabend-Rest der Jugend. Er muß jetzt etwas haben, oder er explodiert.

Manche Reklame wendet sich an diesen Hunger im Manne. Ich bin nicht sicher, inwieweit sich Reklamefachleute darüber im klaren sind, was sie da ansprechen, aber sie wissen anscheinend schon, wie man damit umgeht. Man kann einem Mann beinahe alles verkaufen, wenn man es versteckt und indirekt einen Gral nennt.

Das ist schließlich auch mit ein Grund für den heutigen unglaublichen Hunger der Leute nach Drogen. Das ist gewissermaßen der magische Weg, die Verklärung des Grals zurückzugewinnen. Drogen verschaffen uns ein ekstatisches Erlebnis, aber ich meine, es ist der falsche Weg. Der richtige Weg nimmt nicht notwendig viel Zeit in Anspruch, aber – es ist ein langer Weg. Es gibt keine Abkürzungen. Das Grals-Erlebnis ist auch gefährlich. Wenn wir zuviel davon sprechen, oder wenn wir das Erlebnis zur falschen Zeit haben, ist das eine Einladung zu einem psychotischen Prozeß. Die Zugbrücke kann zu früh hochgezogen werden und einklinken, und man ist eingeschlossen und kann nicht mehr raus.

Es ist schrecklich zu beobachten, aber für fast alle Männer trifft es zu: wenn ein Mann glaubt, irgend etwas wird die Grals-Suche in ihm befriedigen, sind für ihn keine Kosten zu hoch. Und selbst wenn er am nächsten Morgen sterben sollte, würde er noch etwas tun, was den Hunger nach dem Gral in ihm zu stillen verspricht. Das ist eine durch und durch irrationale Sache, die fast keine Grenzen kennt. Viele Antriebe der späten Jünglingsjahre – verzweifelter Mut, die 90-Meilen-Raserei auf der Autobahn, Drogen, auch wenn sie ihn zerstören – sind Ausdruck des unbewußten Hungers nach dem Gral.

Fast immer geht ein Junge mit dem Ausbruch seiner Gefühle falsch um. Er leitet sie in eine Laune um, die zum Teil freilich auch ein Schutzbau ist; aber sie schafft nur Sorgen. Er muß das Problem mit der Laune lösen, ehe er mit seiner Suche fortfahren kann. Viele Jungen werden durch ein launenhaftes Leben unbeweglich und ändern sich nie.[1] Alle Grals-Suche geht mit launenhaften Erlebnissen einher. Eventuell wird so aus einem Jungen nur ein häkelnder alter Mann.

Es herrscht zwischen Philosophen und Dichtern beinahe durchgehend Übereinstimmung in der westlichen Welt, daß das Leben eine tragische Sache ist. Tragödie ist ein guter Ausdruck für das, was wir im Blick haben. Der Mann, der auf der Grals-Suche ist, *ist* ein tragischer Mann. Das Wort Tragödie erhält seine Bedeutung, wenn jemand etwas sucht, was er nicht erreichen und besitzen kann. Das gehört zum «westlichen» Mann, und das läßt sich auf die Gralsburg anwenden. In der Mitte des Lebens sind wir hungrig nach etwas, das wir nicht erreichen können. *Das* ist die tragische Dimension des Lebens.

Wenn ein Mann wirklich ehrlich ist, und Sie kommen auf ihn zu und fragen ihn, wie es bei ihm aussieht, wird er antworten, wie mir einmal ein sehr ehrlicher Mann antwortete: «Robert, ich bin dabei, das Steuer rumzuschmeißen.» Das mittlere Lebensalter ist eine Zeit, die zwischen den beiden Gralsburgen liegt. Man ist erfolgreich, man tut seine Pflicht;

---

[1] Anm. d. Ü.: Dieser scheinbare Widerspruch ist im Sinne Johnsons zu verstehen als mangelnde Beweglichkeit des Selbst; bloße Geschäftigkeit wird als Ausdruck von Launen gesehen, deren Opfer man ist.

die Hypotheken werden bezahlt, die Kinder durchlaufen die Schule, und man bleibt bei seinem Beruf. Aber zufrieden ist man nicht, denn tief in einem lebt der Hunger nach dem Gral.
Betrachten wir dazu die Parallelen im Leben eines Mädchens. Es hat die Gralsburg niemals ganz verlassen. Das ist ein anderer Punkt, den wir beim Mann verstehen müssen. Frauen tragen ein Gefühl der Schönheit in sich, einen Sinn für Beziehungen, ein Gefühl des Überall-zu-Hause-Seins, das ein Mann nicht hat. Ich bin nicht der Meinung, daß ein Mann kreativer ist als eine Frau. Aber seine Kreativität erscheint in anderer Gestalt. Der Druck, die herausragendste Eigenschaft der Kreativität des Mannes, entsteht, weil der Mann die Gralsburg verließ. Eine Frau entdeckt, was es schon immer gibt, ein Mann geht davon und macht oder schafft etwas neu – oder er glaubt es zu tun.
Von Einstein wird gesagt, er habe einmal bemerkt: «Ich sonne mich jetzt in der Einsamkeit, die für mich in meiner Jugend so schmerzhaft war.» Die Einsamkeit, das Gefühl eines Druckes, ist die Wunde des Grals-Erlebens in einem Manne. Etwas so Schönes gesehen zu haben und dann doch ohne dies leben zu müssen, ist schier unerträglich. Viele Männer versuchen, eine «wirkliche Frau», eine aus Fleisch und Blut, diese Einsamkeit ausfüllen zu lassen. Sie versuchen, eine «äußere» Frau zu ihrem Gral zu machen. Das klappt aber nicht, weil sie aus ihr etwas machen wollen, was sie unmöglich sein kann. Es bedeutet nichts anderes, als nach etwas Äußerem zu verlangen, um ein inneres Verlangen zu stillen.
Die ständige Faszination, die orientalische Religionen bei uns wecken, ist Ausdruck einer unmittelbaren Grals-Suche. Die Menschen des Ostens erlebten niemals solche Brüche wie der «westliche» Mensch. Sie gerieten niemals so gewaltsam in den

Gral hinein oder aus ihm heraus. Östliche Philosophen betrachten den Westen und fragen: «Was um alles in der Welt bedeutet das, dieser große ungestillte Hunger, dieser Druck in euren Menschen?»
Ihre Philosophie und ihre Betrachtungsweise wurde für uns sehr anziehend. Aber nach meiner Einschätzung ist das für uns nicht sonderlich wirkungsvoll, weil es mit unserer eigenen Lage unmittelbar nichts zu tun hat. Westliche Menschen können gerade das nicht: «loslassen», die Dinge lassen, wie sie sind, wie es die Orientalen können. Wir sind zu gebrochen, um die Dinge so direkt anzugehen. Die Grals-Erzählung leistet für uns mehr, weil sie ihre Wurzeln in unserer abendländischen Psyche hat.
Das ist alles übermäßig vereinfacht, gewiß. Theoretisch kann ein Mann die Gralsburg jederzeit besichtigen. Er muß nicht notwendigerweise gleich zweimal dorthin gehen. In jedermanns Leben gibt es immer wieder Augenblicke, in denen ihm etwas von der Grals-Qualität geschenkt wird. Das hält ihn, das führt ihn weiter. Wenn ein Mensch eine Liste der Dinge aufstellt, Plätze oder Umstände, die ihm diese Qualität bescherten, würde das eine klärende Offenbarung für ihn bedeuten. Immer sind es die kleinen Dinge – der Morgen, an dem der Toast so gut aus dem Toaster kam, oder jener Samstag, an dem er um die Ecke bog und die Wolken eine besondere Form hatten, oder der Tag, an dem ihm jemand schnell im Vorübergehen ein kleines Kompliment machte. Es sind meistens nicht die großen, dramatischen Ereignisse, sondern die kleinen Dinge, die ihn für einen Augenblick wieder mit dem Gral in Berührung bringen.
Die Zugbrücke ist ein versteckter Hinweis auf die Natur der Gralsburg. Es gibt sie in Wirklichkeit nicht. Sie ist *innere* Wirklichkeit, sie ist eine Vision. Sie ist eine poetische, mysti-

sche Erfahrung. Sie liegt auch nicht an einem bestimmten Ort. Das muß man wissen und verstehen, wenn man auf Grals-Suche ist. Eines der ersten Dinge, die bei der Suche schieflaufen, ist, daß man erwartet, das Erlebnis des Glücklichseins, das der Gral verheißt, bei irgendeiner äußeren Sache zu finden oder an einem bestimmten Platz. Das geht aber nicht, weil der Gral kein bestimmter Ort ist.

Wie viele Menschen haben wie viele Pilgerfahrten unternommen zu einzelnen Stellen, an denen in ihrer Jugend Gralsburgen auftauchten. Wie viele Menschen gehen dahin zurück, dorthin, wo sie aufwuchsen. Sie meinen, der Ort habe irgend etwas mit ihrem Grals-Erlebnis zu tun.

Die Gralsburg ist ein Erlebnis, eine Erfahrung, die auf einer bestimmten Stufe des Bewußtseins kommt. Es ist eine dichterische Schau, eine mystische Sicht. Die Gralsburg existiert nicht an der Stelle, die wir gewöhnlich «Realität» nennen.

Die Tatsache, daß die Zugbrücke die beiden Hinterhufe des Pferdes streift, ist ein kleiner, aber beredter Ausdruck dafür, daß es gefährlich ist, den Gral zu betreten und ihn zu verlassen. Viele Jugendliche sind gestolpert, als sie in die Gralsburg gingen oder als sie von dort kamen. Es ist keineswegs ungewöhnlich für einen jungen Mann, in einem solchen Augenblick zu zerbrechen. Sie müssen sehr behutsam und zurückhaltend mit einem Jungen umgehen, der gerade ein Grals-Erlebnis hat. Stoßen Sie ihn nicht. Er kann das nicht verstehen.

Theoretisch sollte es einem Manne möglich sein, schon beim ersten Mal in der Gralsburg zu bleiben. Die Benediktinermönche versuchten diese Möglichkeit in den Tagen der Klöster. Sie nahmen sehr junge Männer her, noch als Babys, zogen sie in der Gralsburg auf und ließen sie nie wieder heraus, psychologisch gesprochen. Ich habe niemanden gekannt, der je dieses Experiment hinter sich gebracht hat, und ich glaube auch nicht, daß es für moderne Menschen möglich ist. Aber es kann sein, daß es früher einmal so war.

Wenn wir uns durch unsere Geschichte weiter forttragen lassen, ist es wichtig, die weiblichen Elemente zu betrachten und zu sehen, was sie bewirken. Dann müssen wir anschließend die männlichen Elemente beobachten. Einige Leute interpretieren die ganze Grals-Erzählung als eine Auseinandersetzung zwischen männlichem Blutvergießen und weiblicher Erlösung, beide werden aber in ein Gleichgewicht gebracht – durch den Gralskönig.

Man hat gesagt, das Schwert, von dem unaufhörlich Blut tropft, sei das Schwert, mit dem Kain seinen Bruder Abel erschlagen habe, und es sei das gleiche Schwert, das Christus am Kreuz in die Seite gestoßen worden sei. Es ist also ein Schwert, das immer nur Unheil anrichtete, und deshalb blutet es.

Parsifal ist zwischen seine männliche, schwerttragende Anlage und seinen Gralshunger hineingeworfen. Beide wirken ständig gegenseitig aufeinander ein. In der Gralsburg besteht ein enger Zusammenhang zwischen dem Schwert, von dem das Blut tropft, und dem Gral. Das bedeutet die Einheit zwischen männlicher Aggressivität und seiner Seele, die Liebe und Einheit sucht. Solange diese beiden Dinge nicht miteinander in Einklang gebracht werden können, führen sie zu einem Kampf im Manne.

Das Schwert ist erlöst, wenn es im Dienste des Kreuzes steht und wenn es einen heiligen Zweck erfüllt. *Darum* handelt es sich bei der Anlage des Mannes, ein Schwert zu tragen. Nur durch Leiden kann sie erlöst werden. Eine Frau sollte ihre Hände ringen, aber still sein, wenn sie sieht, daß ihr Mann dabei ist, in eine Katastrophe zu steuern, die ihn leiden ma-

chen wird. Er muß das tun; es ist seine Erlösung. Geschieht es geschickt und einsichtig, wird es nicht lange dauern, und es wird auch nicht allzuviel Leiden verursachen. Aber Männer sind in diesem Punkt nicht gerade als besonders intelligent bekannt.
Im Orient kennt man so etwas nicht. Östliche Philosophen, die unsere Symbole betrachten, fragen: «Warum sieht man überall diese mörderische Geschäftigkeit, die so viel Blut kostet?» Der Augenblick, in dem eine Kultur sich so sehr gegen sich selbst wendet, wie es die westliche Welt tat, trägt immer ein blutiges Schwert, um die Dinge zu einen. Diese räuberische, auf Unterwerfung bedachte, herrschende Seite in unserer Kultur ist eine Folge des Verlustes der Gralsburg.
Es gibt einen rechtmäßigen Weg, zur Gralsburg zurückzufinden. Es gibt auch sehr einprägsame Parallelen zwischen Christus und dem Fischer-König. In vieler Hinsicht ähnlen sich beide Erzählungen, allerdings mit dem entscheidenden Unterschied, daß der sehr weise Christus bei seiner Suche auf dem richtigen Wege ist. Aber auch er muß durch viele Stadien einer Entwicklung hindurch. Als Christus in den Tempel ging, mit zwölf Jahren, und seine Eltern rügte, war das gleichsam sein erstes Grals-Erlebnis. Er berührte einiges, das sehr groß war – seine Männlichkeit, seine Kraft. Er wurde davon nicht besonders verwundet, weil er verstand, worum es ging. Später kehrte er dorthin zurück – zum Tempel – und war völlig erfüllt von seiner Aufgabe. Das ist gewissermaßen das idealistische Vorbild, dem wir folgen sollten. Ich bin jedoch deshalb besonders von dem Grals-Mythos des 12. Jahrhunderts eingenommen, weil er uns zeitlich näher ist. Auch ist er ein wenig humaner. Mit ihm kann ich mich unmittelbar identifizieren.

7

Kehren wir noch einmal zu Parsifal zurück. Die Gralsburg hat er wieder verlassen, und die Zugbrücke hat die rückwärtigen Hufe seines Pferdes gestreift. Er reitet weiter und trifft auf eine sorgenerfüllte Frau, die ihren Liebhaber in ihren Armen hält. Ihr Ritter wurde getötet, als ein anderer Ritter einer Tobsucht verfiel, als er zurückkam und merkte, daß Parsifal bei seiner Frau gewesen war. Es handelt sich also um den Mann der «Frau im Zelt». Er stürzte davon und schlug den ersten besten nieder, den er finden konnte – eben diesen Ritter (der gar nichts dafür konnte). So war der Tod dieses Ritters buchstäblich Parsifals Schuld. Ungeschminkt erzählt ihm das die trauernde Frau.

Dann fragt sie ihn, wo er gewesen sei. Er sagt, er sei auf der nächsten Burg gewesen. Sie behauptet daraufhin, es gäbe gar keine Burg im Umkreis von 30 Meilen. Jetzt beschreibt er die Burg genau, und sie ruft: «Oh, du bist auf der Gralsburg gewesen.»

Sie dringt in ihn, zankt fürchterlich mit ihm, erklärt ihm, daß er *die* Frage nicht gestellt hat, die er hätte stellen sollen, und daß deshalb die Gralsburg von ihrem Bannfluch nicht erlöst wurde und deshalb die Krankheit des Fischer-Königs noch immer nicht geheilt sei. Das sei allein Parsifals Schuld und Versagen, behauptet sie. Die ganze Liste seiner Sünden geht sie durch; Ritter werden weiterhin erschlagen werden, behauptet sie, Jungfrauen werden beraubt werden, das Land wird weiterhin brachliegen, der König wird weiterhin leiden, viele Waisen wird es geben, und das alles sei nur auf

Parsifals Versagen zurückzuführen, weil er nicht die richtige Frage gestellt habe.
Dann fragt sie Parsifal, wer er sei. Bis zu diesem Augenblick wird sein Name – Parsifal – im Mythos nicht genannt. Jetzt plaudert er es aus: sein Name sei Parsifal. Solange Parsifal nicht in der Gralsburg war, hat er tatsächlich keine Vorstellung darüber, wer er eigentlich ist. Für seine persönliche Identität hat er kein Gefühl; aber nachdem er in der Gralsburg war, weiß er nun, wer er ist.
Parsifal reitet weiter. Nach einiger Zeit kommt er zu der Frau im Zelt. Sie sitzt in Lumpen da und trauert. Ihr Ritter hat ihr übel mitgespielt, seitdem Parsifal damals bei ihr ins Zelt stolperte. Die Frau beschwört Parsifal, fortzugehen, denn wenn ihr Ritter hereinkommt, wird er ihn töten. Auch sie hält ihm alle Unterlassungen vor, weil er die entscheidende Frage in der Gralsburg nicht stellte. Ihr Ritter kommt tatsächlich zurück, aber Parsifal besiegt ihn im Duell und schickt ihn an König Arthurs Hof. (Ein endloser Zug von Rittern wird auf diese Weise von Parsifal an König Arthurs Hof geschickt. Vielleicht ist das ein Hinweis darauf, daß eine Neurose nicht endet, ehe wir nicht hinreichend mit uns selbst ins reine gekommen sind.) Dann erklärt ihm die weinende Frau, daß das Schwert, das er auf der Burg erhielt, beim ersten Gebrauch in der Schlacht zerbrechen wird, daß man sich auf das Schwert also nicht verlassen könne. Nur der Schmied könne es stählen, der es angefertigt habe. Sei es aber erst einmal gehärtet, werde es nicht mehr zerbrechen, weissagt sie.
Das ist die übliche Erfahrung eines Jungen. Die zuerst gewonnene Männlichkeit kommt vom Vater. Sie zerbricht, wenn er sie erstmals benutzt. Er läuft davon und versucht einiges von dem, was auch der Vater gemacht hat; aber es führt zu nichts. Es ist nur eine Imitation. Er nimmt einen anderen

Vater, einen geistigen Führer, einen Paten (– im weiten Sinne des Wortes –), um das zu beheben und zu verändern. Das ist gut, und es wird für den Rest des Lebens halten.

Nun sind so viele besiegte Ritter an König Arthurs Hof gelangt, daß der ganze Hof erregt ist über diesen Helden, den man vorher offenbar nicht richtig eingeschätzt hat. Man wünscht sich, Parsifal solle an Arthurs Hof kommen, und er soll am Hof der Held des Tages sein. Aber man weiß nicht, wo er steckt. König Arthur veranlaßt, weiter nach Parsifal zu suchen. Er schwört, er wolle keine zwei Nächte im gleichen Bett schlafen, ehe er nicht diesen außerordentlichen Helden, den bedeutendsten Ritter aller Zeiten, gefunden habe. Parsifal aber lagert ganz in der Nähe von Arthurs Hof, er weiß es nur nicht.

Dann geschieht etwas sehr Sonderbares, eines der rätselhaftesten Dinge der ganzen Erzählung. Ein Falke greift drei Gänse in der Luft an und verwundet eine von ihnen. Drei Tropfen Blut der verwundeten Gans fallen in den Schnee. Als Parsifal das sieht, wird er sofort an Blanche Fleur erinnert. Lange hatte er nicht an sie gedacht. Parsifal vergißt und vergißt. Wie viele junge Leute kommen nach Haus und haben plötzlich einen Gedächtnisverlust. «Oh, ich habe es vergessen, irgend etwas bewegte mich, aber ich habe es vergessen.»

Drei Tropfen Blut im Schnee, und Parsifal fällt in einen Liebestraum; an seine erste Dame erinnert er sich dabei. Er sitzt da und starrt auf die Blutstropfen im Schnee. Das sehen in diesem Augenblick zwei von Arthurs Mannen. Sie bemerken ihn und versuchen, ihn zu überreden, an König Arthurs Hof zurückzukommen. In seinem Liebeswahn und mit seiner außerordentlichen ritterlichen Kraft haut er erst den ersten und dann den zweiten Mann vom Pferd. Der zweite Ritter bricht sich dabei den Arm. Es ist ausgerechnet derjenige Rit-

ter, der die Frau, die sechs Jahre nicht gelacht hat, beleidigt hatte. Erinnern Sie sich, als sie zu lachen begann, daß einer der Ritter sie beschimpfte und Parsifal ins Feuer stupste? Parsifal schwor damals, er würde sich dafür rächen. Plötzlich paßt die Geschichte zusammen: die Frau ist gerächt.
Ein dritter Ritter mit Namen Gawain erscheint. Zuvorkommend und bescheiden fragt er Parsifal, ob er mit ihm zusammen an Arthurs Hof zurückkommen möchte. Diesmal stimmt Parsifal zu.
In einer anderen Version dieses seltsamen Teils der Geschichte heißt es, die Sonne kam heraus und schmolz den Schnee, so daß zwei der drei Blutstropfen verschwanden, und Parsifal sei nun frei gewesen, habe wieder entscheiden und an König Arthurs Hof zurückgehen können.
Hier haben wir es mit einem kräftigen Stück Mythologie zu tun: Blanche Fleur, der Schnee, drei Blutstropfen, Parsifals plötzliches Erwachen aus seinem traumähnlichen Zustand. Hätte die Sonne nicht zwei der Blutstropfen zum Verschwinden gebracht, Parsifal wäre für immer entschlußlos geblieben.
Zahlen in der Mythologie und in Träumen sind meist außerordentlich aufschlußreich. Erinnern Sie sich, wie oft die Zahl Vier in der Gralsburg auftauchte? Uns sollte in der Sprache der Symbole mitgeteilt werden, daß der Gral ein Ort der Vollkommenheit ist, ein Platz mit den Kennzeichen der Viereinigkeit. Die Vier scheint Ganzheit, Frieden, Stabilität und Zeitlosigkeit darzustellen.
Auf der anderen Seite repräsentiert die Zahl Drei Druck, Unvollständigkeit, Rastlosigkeit und Bemühen. Ich sehe da ein Zusammenspiel zwischen dem Erlebnis der Vollkommenheit der Gralsburg und der Unvollständigkeit von Parsifals unmittelbarer menschlicher Beziehung zu Blanche Fleur.

Beide sind gut, aber ich glaube, das Blanche-Fleur-Erlebnis ist ein mächtiges, aber doch nur ein stückweises System, während die Grals-Erfahrung ein totales System ist, das alles umfaßt.

Wenn jemand im Dilemma der Drei lebt oder mit drei Dingen herumstreitet, muß er eine Vier daraus machen, oder er muß die Sache auf eins reduzieren. Das sind die beiden einzigen tragbaren Lösungen oder Möglichkeiten. Parsifal kann zur Gralsburg zunächst nicht zurückkommen. Aus dem Symbol Drei heraus kann er nicht zur Vier gelangen. So ist es das beste, das Symbol auf eins zurückzuführen, und Parsifal ist wieder handlungsfähig.

Wenn jemand sich in einem sich paralysierenden Dilemma befindet, muß er manchmal sein Bewußtsein ein wenig zurücknehmen, gerade, um wieder handlungsfähig zu werden. Kann er vorwärts gehen, kann er gleichsam zur nächsten Zahl kommen, dann ist das natürlich das allerbeste. Wenn er das aber nicht kann, muß er ein wenig regredieren, um sich zu retten und wieder entschlußfähig zu werden.

Die Zwei ist schlecht, weil die Eins sich gegen ihren Gegensatz richtet. Mit der Eins und der Vier kann man hingegen umgehen. Die Zwei und die Drei sind schwierig, unstabil, unvollständig; es sind Stadien, durch die man hindurch und die man weiß Gott beachten muß, aber man soll dabei nicht zaudernd stehenbleiben.

Womöglich weist der Gehalt dieser Zahlensymbolik auch eine Beziehung zur christlichen Dreieinigkeit auf. Das ist eine dornige und schwierige Angelegenheit, und ich will mich darüber nicht weiter auslassen. Aber es scheint schon so zu sein, daß im Blickwinkel der Dreieinigkeit die Natur des Mannes – oder der Gottheit – unvollständig bleibt. Die Dreiheit Gottes verlangt nach dem Einbezug eines Vierten, um

Vollständigkeit und Ausgeglichenheit zu gewinnen. Wann immer man es auch mit einem System der Dreiheit zu tun hat, es wird noch einen Widersacher geben, einen heimlichen Gegner, weil irgend etwas im System ausgelassen wurde. Was aus dem System ausgelassen wurde, wird als Teufel zurückkommen; immer, wenn etwas, das zur Ganzheit dazugehört, ausgeschlossen wird, wendet es sich gegen uns. C.G. Jung etwa war dieser Meinung, und er hat angenommen, daß das dunkle, feminine Element im Leben aus der christlichen Dreieinigkeit ausgeschlossen wurde. So kehrt es zurück und peinigt uns als eine Art immerwährender Teufel.

Augenscheinlich leben wir in einer Zeit, in der sich das Bewußtsein von einer dreieinigen auf eine viereinige Sicht der Dinge hin entwickelt. Das ist ein möglicher und tiefgreifender Ansatz, um über das Chaos zu sprechen, in dem unsere Welt gegenwärtig lebt. Man hört von vielen Zeitgenossen viele Träume – ohne daß der Träumende bewußt etwas über die Zahlensymbolik weiß –, in denen sich die Drei in eine Vier verwandelt. Das bedeutet doch, daß wir durch eine Evolution des Bewußtseins hindurchgehen. Von dem einfachen, überschaubaren, ausschließlich männlichen Konzept letzter Wirklichkeit, der Betrachtung Gottes als Dreieinigkeit, bewegen wir uns auf eine Viereinigkeit zu, die das Weibliche einschließt, ebenso wie andere Elemente, die recht schwierig einzuordnen sind, wenn man ein absolut perfektes System haben will.

Nun scheint es wohl so zu sein, daß es Gottes Absicht ist, das Bild der Vollkommenheit durch das der Erfüllung oder Ganzheit zu ersetzen. Vollkommenheit unterstellt, daß alle Dinge rein sind, ohne Makel, ohne dunkle Stellen oder fragwürdige Gefilde. Ganzheit umschließt auch die Dunkelheit, aber sie verbindet die dunklen Elemente mit den lichten Elementen zu einer Totalität. Man kann es allgemein auch so sagen: christliches Streben zielte auf Göttlichkeit und Vollkommenheit, nicht auf Ganzheit und Vollständigkeit. Der Weg zur Ganzheit ist eine schlimme Aufgabe, weil sie uns immer in Paradoxes verwickelt. Ich bin keineswegs sicher, ob die Menschheit für diese Aufgabe jetzt schon bereit ist; jedoch scheint sich uns diese Aufgabe irgendwie aufzudrängen.

C.G. Jung nimmt unter anderem an, daß das 1950 verkündete Dogma von der leiblichen Himmelfahrt der Jungfrau Maria eine dogmatische Festschreibung der Viereinigkeit (Quaternität) ist. Maria lebt nun körperlich als Majestät im Himmel. Wörtlich genommen ist das natürlich alles Unsinn, psychologisch genommen ist es jedoch bedeutungsvoll, weil es den Einbezug des irdischen, weiblichen Elements in die himmlische Dreieinigkeit bedeutet. Es gibt nun nicht mehr länger nur drei männliche Aspekte Gottes. Ein viertes, weibliches Element ist hinzugekommen. Weiblichkeit wird nun verspätet als ein Element angesehen, das es wert ist, für immer mit Gott zusammen zu regieren. Jung jubelte über das Dogma der leiblichen Himmelfahrt der Jungfrau Maria in den Himmel. Aber es kam und ging und wurde großenteils vergessen, kaum jemand hat es wirklich wahrgenommen. Wenn man aber dieses außerordentliche Ereignis richtig begreift, gibt es Hoffnung für die Kirche. Das weibliche, das vierte Element wurde der Dreieinigkeit hinzugefügt. Wenn wir der Führung, die für uns bestimmt ist, folgen, gibt es noch Hoffnung für die Zukunft.

Sobald dem vierten Element Würde und Stand verliehen ist, ist es nicht länger der Feind. Feind ist es nur, solange es ausgeschlossen bleibt. Dann klopft es an die Tür und will herein und sieht uns recht böse an. Wir sind es, die die Elemente teuflisch machen, indem wir sie ausschließen. Es ist ein allge-

meiner Grundsatz, daß alles, was von der menschlichen Seele zurückgewiesen und abgeschieden wird, sich feindlich entwickelt. Wenn man das verstanden hat, ist man auch auf dem Wege zu wissen, was man damit machen soll.
Was ein Mann als das verderbliche, böse Element ansieht, ist oft die weibliche Seite. Ist die weibliche Seite des Mannes ausgeschlossen und abgetrennt, wird er häufig hexenhaft. Vieles von der Dunkelheit der abgetrennten Elemente und Kräfte während des Mittelalters war weiblich. Vor allem die Hexenjagden. Die Hexenjagden waren kein isolierter Vorgang, und sie erregten viel Aufsehen. Auf dem Höhepunkt der Hexenjagd wurden mehr als vier Millionen Frauen in Europa am Pfahl verbrannt. Das konnte nur deshalb geschehen, weil man das dunkle, weibliche Element in einem so negativen Licht sah. Nun halten wir den Atem an, um zu sehen, ob dieses scheinbar gefährliche Element in den allgemeinen seelischen Haushalt einbezogen werden kann. Das kann nicht irgendwie naiv bewerkstelligt werden, denn die Wiedereinführung einer ausgeschlossenen Seite ist eine gefährliche Operation. Wenn uns ein Wolf gegenübertritt, machen wir auch nicht plötzlich die Tür auf und schreien ihn an: «Na los, komm schon rein!»

8

Im Triumph wird Parsifal an König Arthurs Hof gebracht. Er ist der Held des Tages. Der größte Ritter, der bedeutendste, der jemals lebte: er ist es. Drei Tage dauern die Feste und Feiern. Kann man sich etwas Besseres wünschen, als Kopf und Führer von König Arthurs Hof zu sein? Es ist das Erhabenste für einen Ritter. Parsifal steht jetzt ganz oben, an der Spitze aller Leute am Hofe.

Da kommt unerwartet auf einem zerschundenen Maulesel, der an allen vieren lahmt, ein widerliches Weib hereingeritten. In der Erzählung heißt es dazu: «Ihr schwarzes Haar war in zwei Strähnen geflochten, dunkel wie Eisen waren ihre Hände und Nägel. Wie eine Ratte hielt sie ihre Augen zugekniffen. Ihre Nase war wie die eines Affen oder einer Katze. Ihre Lippen waren die eines Esels oder eines Ochsen. Haare hatte sie im Gesicht, buckelig war sie vorn und hinten, ihre Lenden und Schultern waren wie die Wurzeln eines Baumes verdreht. Noch nie hatte man am Gralshof so eine Frau gesehen.»

Diese gräßliche Frau reitet also auf ihrem Maulesel mitten in die Versammlung hinein. Alle erstarren, dann plaudert sie Parsifals ganze Sünden aus. In allen Einzelheiten erzählt sie, was er in der Gralsburg alles unterließ und warum er das tat; daß die Not des Königs von daher komme, und dann behauptete sie, daß das alles allein Parsifals Schuld sei. Lange Geschichten erzählt sie über die Ritter, die durch Parsifals Versagen schon erschlagen wurden, die weinenden Frauen, das zerstörte Land, die verwaisten Kinder. Dann streckt sie den Zeigefinger nach Parsifal aus und schreit: «Das ist alles deine Schuld!»

Das ist die gräßliche, die häßliche Frau. So etwas passiert üblicherweise auf dem Höhepunkt der Karriere des Mannes, in der Zeit seines größten Erfolges. Gerade wurde er zum Präsidenten einer Gesellschaft ernannt, in die Wissenschaftliche Akademie gewählt, eben hat er die erste Million verdient oder was der Höhepunkt des Lebens für ihn auch sein mag, und innerhalb von drei Tagen hält diese scheußliche Frau ihren Einzug in ihm.

Völlig dunkel und säuerlich ist die anima jetzt geworden. Es gibt einen Zusammenhang zwischen dem wachsenden Ruhm und den Schmeicheleien in der äußeren Welt und der Befindlichkeit der anima. Häufig stehen sie in einem einander entgegenlaufenden Verhältnis zueinander. Hat ein Mann Erfolg in der äußeren Welt, hat er gleichzeitig Kummer mit seiner anima.

Mir wurde gesagt, der Fachausdruck dafür laute «rückläufige Melancholie»[1]. Ich nenne das besser «die häßliche Frau», das ist anschaulicher. Trotz allem leistet sie hervorragende Dienste, und ein Mann kann von ihr einiges lernen. Tatsächlich: er muß lernen, wenn er aus seiner Depression herauskommen will.

Das ist die zerstörerische, verderbliche Qualität in einem Manne des mittleren Alters. Die Dinge haben plötzlich ihren Geschmack und Reiz verloren. Die scheußliche Frau flüstert in seine Ohren: «Was hat das für einen Zweck, ins Amt zu gehen? Was macht es schon aus? Wozu ist es gut? Was soll das alles?» Seine eigene Frau hat lange aufgehört, seine anima zu sein. Die Kinder sind schwierig geworden oder schon au-

---

[1] Anm. d. Ü.: involutional melancholia, Involutionsdepression.

ßer Haus. Das neue Boot, das er sich angeschafft hat, bringt ihm auch nicht das, was er sich erhofft hatte. Er ist dabei, «die Kurbel rumzuschmeißen». Das alles ist ein Ausdruck des Wirkens der «häßlichen Frau» in ihm.

In dieser Zeit beginnt ein Mann damit, über unbestimmte Beschwerden zu klagen. Sein Magen ist für die «häßliche Frau» ein angemessenes, ihr zugängliches Organ. Gerne würde er es mit einer neuen Geliebten versuchen. Ich finde, die Bezeichnung «fatale Vierziger» trifft den Nagel auf den Kopf. Wenn die häßliche Frau in einem auftaucht, ist es aber gerade jetzt verkehrt, sie mit einer hübschen Frau aus der realen Welt vertreiben zu wollen.

Parsifals Erfahrungen mit dem scheußlichen Weib verlaufen so, wie wir gehört haben. Der ganze Hof ist beeindruckt. Kein Mensch wendet etwas gegen sie ein. Keiner erwidert etwas – weil alles wahr ist.

Dann fängt sie an, Aufgaben an die insgesamt 466 Ritter an Arthurs Hof zu verteilen. (Diese ungewöhnlichen Zahlen in den Mythen sind häufig sehr aufschlußreich und erhellend, manchmal freilich sind sie auch verwirrend. Ich weiß nicht, was ich um alles in der Welt mit der 466 machen soll. Jedenfalls sind 466 Ritter da, gewissermaßen zur Erbauung unseres Unbewußten, auch dann, wenn wir es nicht bewußt verstehen können.) Einen schickt sie weg, der soll die Belagerung einer Burg aufheben, ein anderer soll im Nachbarland einen nimmermüden Drachen erschlagen. Jeden schickt sie so mit einer Aufgabe weg.

Jeder Ritter geht allein davon. Jegliche Gruppenaktivität hört auf. Sie wird zu einem individuellen Suchen. Jeder Mann geht auf seine eigene Suche. Ihre Frauen oder ihre Freundinnen mitzunehmen, ist ihnen untersagt. Allein reiten sie jeder für sich davon.

Vielleicht kann man in unserer Kultur endlich damit anfangen, zu verstehen, was mit diesem Teil des Mythos gemeint ist, wenn genügend Menschen unter dem Kommando der «häßlichen Frau», des «scheußlichen Weibes» der Grals-Erzählung, sich auseinandergestritten haben, auf ihre Suche gegangen sind und ihren Weg zurück zum Gral nehmen. Ich glaube nicht, daß das Problem kollektiv gelöst werden kann. Mehr oder weniger sind wir Individuen, und unser Weg ist ein sehr persönlicher Weg. Ich bedaure das, weil das die Sache so hart und unausweichlich macht, es scheint aber nun einmal so zu sein.

Das schreckliche Weib schickt Parsifal also zur Gralsburg, er soll sie zum zweitenmal suchen. Parsifal schwört einen heiligen Eid, daß er keine zwei Nächte im gleichen Bett hintereinander schlafen will, bis er den Gral gefunden hat.[1]

Hier erfahren wir, was wir mit dem scheußlichen Weib tun müssen, wenn es kommt. Es ist nämlich nützlich. Sie müssen keine Pillen nehmen oder Psychopharmaka oder sie anschreien, sie solle weggehen. Sie müssen auch nicht versuchen, sie mit Hilfe einer anderen Frau in Schach zu halten. Sie brauchen nicht zu versuchen, sie zu verstecken, Sie brauchen sie auch nicht runterzuargumentieren. Wenn ein Mann vierzig oder fünfzig ist und die häßliche Frau erscheint und erhebt ihre vernichtenden Anklagen, sollten wir gar nicht erst versuchen, uns herauszuwinden. Es ist zwar ein überall zu beobachtender erster Impuls, sich vor den Anklagen der schrecklichen Frau zu drücken und sich zu verstecken, das ist aber absolut der falsche Weg. Wir müssen vielmehr vor ihr standhalten. Sie müssen sitzen bleiben, und zwar so lange,

---

[1] Anm. d. Ü.: Der kranke König Arthur leistet den gleichen Schwur, bis er Parsifal gefunden hat; hier werden die aufeinander zulaufenden Doppelfiguren – König und Parsifal – deutlich.

wie es ihr beliebt, auf ihrem Maulesel dazusitzen und dabei unsere Fehler und Mängel herunterzuleiern. Aber wenn sie mit ihrer Litanei dann fertig ist, wird sie uns wieder auf eine Aufgabe ansetzen. Dafür ist sie da, das ist ihr Sinn. Für eine Frau aus Fleisch und Blut – in der Realität also – ist das freilich die richtige Zeit, sehr, sehr ruhig zu sein.

Erstens muß sie nicht mit der Projektion der «häßlichen Frau» des Mannes in Verbindung gebracht werden wollen, die er ihr nur zu gerne überstülpen würde. Zweitens sollte sie still sein, damit der Mann seine Richtung wiedergewinnen und aus seinen zerstörerischen Erfahrungen lernen kann. Wenn er sich der häßlichen Frau von Angesicht zu Angesicht stellen kann, wird sie ihm sagen, was er zu tun hat. Sie wird ihm streng befehlen, seine Suche fortzusetzen.

Die Ritter von König Arthurs Hof werden zu ihren verschiedenen Aufgaben fortgeschickt. Dann folgt noch einmal die Weisung, die Ritter sollen edel und rein bleiben. Zum hundertsten Male wiederhole ich es: das hat nichts mit der Wirklichkeit einer Frau in der Realität zu tun, mit einer Frau aus Fleisch und Blut. Gemeint ist hier eine edle und saubere Beziehung zur eigenen inneren Frau, die leichter und besser mit unserer Fühl-Fähigkeit oder – Gott vergib uns – mit unserer launischen Seite gleichzusetzen ist.

Allen Rittern wird nochmals nahegelegt, daß sie nicht verführen und sich nicht verführen lassen sollen, wollen sie den Gral schauen. Alle machen es falsch und fallen um. Bis auf Parsifal. Viele der elftausend Zeilen der Dichtung verfolgen nun die Wege der verschiedenen Ritter, ihre glorreichen Taten und ihren schließlichen gnadenlosen Fall.

Denn viele verwirken die Gnade. Das bedeutet, daß viele, viele Teile eines Mannes zur Suche hinausziehen, aber dann unter eine anima-Besetzung fallen. Viele Teile eines Mannes verfallen seiner Laune, stolpern in eine Fallgrube oder werden in eine anima-Verstrickung hineingezerrt. Aber ein zentraler Teil des Mannes, der Parsifal in ihm, wird sich an seinen Auftrag erinnern, wird einsichtig sein und seinen Weg zum Gral schließlich bis zum Ende gehen.

9

Durch unzählige Erlebnisse geht Parsifal noch hindurch. Einige Fassungen der Grals-Erzählung berichten von fünf, andere wieder von zwanzig Jahren, die Parsifal noch unterwegs ist. Alles mögliche passiert. Seine Bitterkeit wächst; mehr und mehr ist er enttäuscht; härter wird er und härter. Immer weiter entfernt er sich von seiner Blanche Fleur, seiner «weißen Blume», seinem weiblichen Bewußtsein. Er vergißt, warum er das Schwert führt. Er besiegt Ritter, schlägt sie nieder, rechts und links; aber Gründe dafür gibt es immer weniger. Und die Befriedigung daran wird in ihm auch immer geringer.

Eines Tages trifft er eine Gruppe zerlumpter Pilger, die da einherziehen. Sie fragen ihn: «Was um alles in der Welt machst du da, herumreiten, in dieser Aufmachung, und das am Karfreitag?» Er fragt zurück: «Ist heute wirklich Karfreitag?»

Plötzlich erinnert sich Parsifal. In Ehrfurcht denkt er an das, was seine Mutter ihm über die Kirche gesagt hat. Er erinnert sich an Blanche Fleur. Er denkt an die Gralsburg. Wehmütige Erinnerungen und Gewissensbisse befallen ihn. «Wohin geht Ihr?», fragt er die Pilger. Und sie antworten: «Zu einem Eremiten zur Karfreitagsandacht.» Parsifal schließt sich ihnen an.

Der Weg führt zur Hütte eines Einsiedlers, der sich als Parsifals Onkel herausstellt, der Bruder seines Vaters, der Mönch geworden ist. Der Eremit ist der introvertierte Teil des männlichen Erbes eines jeden. Wenn jegliche männliche Aktivität extrovertiert ist, das heißt also sich nach außen richtet, dann spielen fünf oder zwanzig Jahre der Extroversion keine Rolle. Schließlich wird am Extrovertierten sichtbar, daß er nicht die Fähigkeit erlangte, sich einen Weg durch sein inneres Dilemma zu bahnen. Man erkennt, daß die zweite Million, die zweite Frau, oder welchen äußeren Aktivitäten er auch nachjagt, nicht geeignet sind, seine Probleme zu lösen. Dann wendet er sich an seinen eigenen, inneren introvertierten Einsiedler, der im Wald lebt, in einer kleinen Hütte. Von dort erhält er das nächste Stückchen Kraft und Macht.

Das ist der Augenblick für einen Mann, seinem Beruf sechs Wochen aus dem Wege zu gehen und Kontakt aufzunehmen mit seinem inneren Eremiten, dieser außerordentlichen introvertierten Summe von Energie in ihm. Das wird ihm Perspektiven für seinen nächsten Lebensabschnitt geben. Häufig tun Menschen das gegen ihren bewußten Willen, indem sie ins Krankenhaus gehen. Sie werden krank, kommen ins Hospital, wo sie völlig unbeweglich werden, und deformiert kommen sie wieder heraus. Es ist schwer, sich da hindurchzuschlagen; aber wenn man nicht versteht, daß jetzt Introversion, der Blick nach innen, notwendig ist, und man das nicht auch bewußt tut, wird der Gang ins Krankenhaus der einzige Weg sein, einen sonst aktiven Mann dazu zu bringen, sich flach zu legen.

Der Einsiedler steht symbolisch auch für einen anderen Weg, dem ein Junge auf der Straße des Roten Ritters folgen kann. Üblicherweise geht ein Junge durch die Phase des Roten-Ritter-Seins hindurch, ihm wachsen Kräfte zu, er geht dann fort und führt sein Schwert. Aber es gibt noch einen anderen Weg. Einige Jungen – meist recht introvertierte Seelen – gehen den Weg des Einsiedlers. Das ist durchaus legitim. Nur muß man wissen, wenn man den Weg des Eremiten geht, hat man nicht die Erlebnisse des Roten Ritters. Man trachtet nicht nach den Lorbeerblättern des Siegers. Man braucht keinen ersten Platz zu erwarten, eine Stellung in der Gesellschaft. Symbolisch gesehen ist man den Weg zur Hütte in den Wäldern gegangen, und dort lebt man ziemlich allein. Aber das *ist* ein Weg.

Der Weg des Einsiedlers ist durchaus nicht so gegensätzlich. Er hat die Gralsburg nie so völlig verstört verlassen wie Parsifal. Obwohl es nicht ungewöhnlich ist, daß Väter mit dem Gehabe Roter Ritter einsiedlerische Söhne haben, ist dennoch der Weg des Eremiten selten. Wenn Sie einen solchen Sohn haben, prügeln Sie ihn nicht in die Erfahrungen des Roten Ritters hinein. Sein Weg ist anders.

Das ist selbstverständlich stark vereinfacht. In Wirklichkeit geht jeder Mensch beide Wege. Ein Teil jedes Mannes geht zum Beispiel den Weg des Einsiedlers, wenn er einen halben Tag wandert und dabei allein sein möchte. Jeder ist ein Stück Eremit, und jeder zieht gelegentlich in seiner Lebenslaufbahn schneidig davon. Deshalb ist es näher an der Realität, festzustellen, daß jeder Mann diese beiden Elemente in sich trägt. Auch ist es klug, beide Seiten zu pflegen.

Wir finden Parsifal also jetzt beim Eremiten. Obwohl Parsifal kein Wort von sich gegeben hat, beginnt der Eremit, Parsifals Fehler und Versäumnisse alle nochmals durchzugehen, die ganze lange Liste. Augenscheinlich wurde Buch über ihn geführt, alles wurde aufgeschrieben. Der Einsiedler bringt Parsifal nahe, daß alles wegen und in Zusammenhang mit seiner Mutter geschehen sei; schonend erzählt er ihm das, und ohne ihn zu rügen.

Parsifal hat es versäumt, seine Mutter richtig zu behandeln, auch folgte er ihr zu sklavisch. Das ist ein unveränderliches Kennzeichen des Mutter-Komplexes, der zu einem Zuviel und zu einem Zuwenig führt – im gleichen Augenblick. Jedenfalls hat sein Mutter-Komplex es verhindert, den Gral von seinem Bannfluch zu befreien. Der Einsiedler erteilt Parsifal die Absolution und weist ihn an, jetzt sofort zur Gralsburg zurückzugehen. Parsifal ist nun – wie wir sehen – in der Lage, zum zweitenmal die Gralsburg aufzusuchen.

Hier endet die große französische Dichtung des Chrétien de Troyes. Einige meinen, der Autor sei an dieser Stelle gestorben, er sei unterbrochen worden oder dieser Teil der Vorlage sei verlorengegangen. Ich bin eher geneigt zu glauben, daß er bewußt an dieser Stelle aufhörte. Weiter konnte er nichts sagen. Und in vielerlei Hinsicht hörte er da auf, wo wir heute stehen.

Denn die Grals-Erzählung ist ein Mythos für *unsere* Zeit heute. Die Erzählung ist noch nicht zu Ende. *Wir* müssen sie zu einem Ende führen. Auch wenn wir nicht vom Gral, von Gralsburgen und bezaubernden Frauen sprechen, ist es noch immer *unsere* Geschichte, unser Mythos, den wir in unserem Leben vervollständigen müssen. Der Mythos vom Heiligen Gral hat uns genau an den Punkt geführt, an dem wir «modernen» Menschen heute stehen. Allgemein ausgedrückt: Wir sind an der Stelle stehengeblieben, an der die Dichtung aus Frankreich endet. Wenn Sie eine Frage vermissen, wenn Sie etwas suchen, was bedeutungsvoll ist für Ihr Leben, greifen Sie zur Grals-Erzählung, und zwar dort, wo sie in Ihnen liegt. Jetzt.

10

Andere Autoren nach Chrétien de Troyes haben versucht, die Erzählung zu beenden. Keiner dieser Schlüsse befriedigt oder überzeugt. Das kann daran liegen, daß die Grals-Erzählung in unseren Seelen nicht weitergewachsen ist, daß sie nicht weiter vorankam als in der französischen Dichtung. Aber wir wollen uns die Fortsetzung doch einmal anschauen und sehen, was wir daraus lernen können.

Übereinstimmend mit einigen Fassungen des Mythos nimmt Parsifal unverzüglich seinen Weg zur Gralsburg. Er sieht jetzt alles richtig; er sieht alles. So ist es denn auch: sobald ein Mann die Gralsburg bewußt wahrnimmt und sobald er bescheiden genug ist und zugleich mutig genug, kann er unverzüglich zur Burg gehen. Kein noch so hoher Einsatz an kämpferischem Mut allein wird ihn hierher führen. Aber wenn er mit mutigem Herzen nach der Gralsburg fragt, findet er sie augenblicklich.

Parsifal findet die Zugbrücke wieder und geht hinüber. Es ist noch genau die gleiche wie damals. Noch immer leidet der Fischer-König. Nachdem die notwendigen Formalitäten des Empfangs vorüber sind, stellt Parsifal *die* Frage: «Wem dient der Gral?» Sofort erhält er die Antwort: «Der Gral dient dem Gralskönig.» Eine seltsame Antwort! Denn der König des Grals ist *nicht* der Fischer-König. Der König des Grals lebt in der Haupthalle der Burg. Dort hat er schon immer, seit undenklichen Zeiten gelebt. Er verharrt in Anbetung des Grals, wird vom Gral genährt und hat mit nichts anderem als mit dem Gral zu tun. Er betet ihn an; er berührt ihn. Er und der

Gral sind in ständigem Austausch miteinander; sie sind miteinander vereint.

Das also ist die Antwort auf die eigenartige Frage, die uns die ganze Zeit so verbissen beschäftigt hat. Wem dient der Gral? – Der Gral dient dem König des Grals. Mit dieser Antwort auf die Frage habe ich monatelang gelebt, und langsam habe ich das alles verstanden. Fast jeder Angehörige unserer Kultur denkt, der Gral sei dazu da, uns zu dienen. Wir müssen an dieser Stelle aber etwas Wesentliches dazulernen. Die große Suche der meisten Amerikaner ist auf Glück aus, was meist so aufgefaßt wird, daß der Gral uns dienen soll. Wir verlangen danach, daß dieses große Füllhorn der Natur, dieses gewaltige weibliche Sich-Verströmen, daß alle Güter der Welt – Luft, Meer, Tiere, Öl, Wälder – und all die Produktivität der Erde, daß *uns* dies alles dienen soll. Was wir lernen müssen, ist, daß dieses Füllhorn nicht uns dient, sondern Gott. Der Gralskönig ist die Verkörperung Gottes, die irdische Verkörperung des Göttlichen. Was wir aus dem Mythos lernen können, ist, daß der Gral dem König des Grals dient, nicht daß der Gral uns dient. Wie in der jüngsten Erzählung von J. R. R. Tolkien «Der Herr der Ringe» muß die Kraft von jenem genommen werden, der sie innehat. In der Grals-Erzählung ist die Quelle der Kraft dem Repräsentanten Gottes zugelegt. In der Erzählung Tolkiens wird der Ring, der Kraft verleiht, bösen Händen entnommen, und er wird in die Gründe zurückgegeben, aus denen er einst kam. Frühere Mythen sprachen oft von der Ent-deckung der Kraft und ihrem Wechsel von der Mutter Erde in menschliche Hand. Jüngere Mythen berichten von einer Rückgabe der Kraftquellen an die Erde oder in Gottes Hände, ehe wir uns selbst zerstören – eben durch sie.

Wir sind nicht vorbereitet, diesen Wandel, der von uns verlangt wird, schon zu vernehmen; aber Ansätze gibt es schon in unserem Bewußtsein in dieser Richtung. Der Ring ist unser modernes Selbstbewußtsein, unser Wissen. Wir müssen auf diese Kraft verzichten, auf diese «schöne neue Welt», die uns umgibt, oder sie wird uns zerstören.

Ich glaube, die moderne Form der großen Frage, die Frage, die für uns bedeutsam ist, lautet: «Warum leben wir?» Sobald jemand diese Frage stellt und den Mut besitzt, die Antwort zu hören, erlebt er eine Überraschung, die geeignet ist, seine Fischer-König-Wunde zu heilen.

Ziel des Lebens ist nicht Glücklichsein, sondern Gott oder dem Gral zu dienen. Alles, was der Gral unternimmt, dient Gott. Wenn jemand das verstanden hat und seine schier idiotische Vorstellung fallenläßt, der Inhalt des Lebens sei sein persönliches Glück, wird er erstmals wirklich vom Glück beschienen werden.

Der Mythos will uns mitteilen, daß der Fischer-König sofort in dem Augenblick geheilt ist, in dem Parsifal die Frage tatsächlich stellt. Freude zieht wieder in die Gralsburg ein. Der Grals-Becher wird gebracht. Er gibt seine Speise jedem, und es herrschen eitel Frieden, Freude und Wohlbefinden. Hier liegt der unglaubliche Widerspruch: Wenn wir nach dem Gral fragen, damit er uns glücklich mache, erfahren wir nur vorläufiges Glück, ein verkapseltes Glück gleichsam. Wenn wir dem Gral und dem Gralskönig aufrichtig dienen, wird uns das Glück hingegen wirklich bestrahlen.

Alexis de Tocqueville, ein Franzose, der vor über hundert Jahren nach Amerika kam, machte einige scharfsinnige Beobachtungen über das amerikanische Temperament, die amerikanische Atmosphäre und die amerikanischen Sprachgewohnheiten. Er sagte, daß wir eine fehlgeleitete Vorstellung in unserer Verfassung hätten: die Ver-folgung des

Glücks. Man kann das Glück aber nicht jagen, das geht nicht. Eine Formulierung, die für unsere Gegenwart gilt, könnte etwa so lauten: «Wenn wir unserer Realität dienen, wird uns das Glück scheinen. Wenn wir auf der Suche nach dem reinen Glück sind, werden wir genau das Glück verscheuchen, nach dem wir trachten.»
Schreckliche Dinge gehen vor sich, über die uns die Grals-Erzählung Aufklärung geben kann. Das kann uns aus manchem Dilemma heraushelfen. Zum Beispiel fangen wir gerade erst an, zu fragen, ob wir das Recht haben, die Luft zu verpesten, alle Bäume zu fällen, alles Öl dieser Erde zu fördern und die Pelikane zu töten. Wir fangen erst an, die Gralsfrage zu stellen: «Wofür ist das alles gut? Ist es nur für uns?»
Der Grals-Mythos deutet die einzige mögliche Antwort auf die Frage an: Wir müssen die Dinge auf der Erde zur Ehre Gottes regeln, nicht für Menschen oder für einen Supermann. Wenn jemand fragen kann: «Wem dient der Gral?», wenn jemand bewußt herausfinden kann, was diese Frage wirklich meint, dann nimmt er es ernst und fragt ganz bewußt. Dann wird er auch einen Weg finden, der herausführt. Die Antwort stellt sich augenblicklich ein, wenn die Frage gestellt wird. Dann hört die falsche Suche nach dem Glück auf, und wirkliche Glücksgefühle setzen ein.
Da stehen wir also. Das ist die nächste Entwicklung der Menschheit, die von uns verlangt wird. Es steht auf des Messers Schneide. Wir sind gerade erst dabei, die erste Silbe der großen Frage vorsichtig auszusprechen, die uns alle von unserer Existenz als Fischer-Könige erlösen kann.
Eine lange Reise haben wir unternommen, gemeinsam mit Parsifal; eine Wanderung vom Garten Eden zum himmlischen Jerusalem, von Gralsburg zu Gralsburg. Mit Parsifal

haben wir gelernt, die *eine* große Frage zu stellen: «Wem dient der Gral?» Und wir dürfen nun nicht weiter unterstellen, daß er *uns* dient. Wir haben die Andeutung einer Antwort auf die große Frage nach dem Lebenssinn, wenn unsere Reise uns nur weit genug geführt hat und wenn wir genug Bewußtsein und Gespür entwickelt haben, diese Antwort auch zu hören.

Anhang

KURZFASSUNG DER GRALSLEGENDE
NACH CHRÉTIEN DE TROYES

Der Heilige Gral, das Gefäß des Heiligen Abendmahls, wird in einer Burg aufbewahrt. Der Herr der Burg wurde schwer verwundet, er leidet unausgesetzt, weil seine Wunde sich nicht schließen will. Das ganze Land und seine Bewohner sind in Aufregung.

Verwundet wurde der König in seinen frühen Jünglingsjahren, als er in einem Wald wanderte. Dabei stieß er auf einen verlassenen Lagerplatz. Nur ein Lachs röstete noch an einem Spieß. Der junge Mann war hungrig. So nahm er ein Stück vom Lachs. Dabei verbrannte er sich schrecklich die Finger. Um seinen Schmerz zu lindern, steckte er seine Finger in den Mund und nahm dabei ein kleines Stück Lachs zu sich. Von nun an wurde er der Fischer-König genannt, weil ihn ein Fisch verwundet hatte. Außerdem wurde er an seinen Oberschenkeln verwundet, so daß er nicht länger zeugungsfähig war und sein ganzes Land auch nicht. Der Fischer-König liegt auf einer Tragbahre, und überall muß er hingetragen werden. Manchmal ist er in der Lage, fischen zu gehen. Dann ist er glücklich.

Der Fischer-König herrscht über die Gralsburg, in der der Kelch aufbewahrt wird. Er kann den Kelch aber nicht berühren oder von ihm geheilt werden. Der Hofnarr hat prophezeit, der Fischer-König würde geheilt werden, wenn ein gänzlich unbescholtener Tor an den Hof komme.

In einem fernen Land lebt ein Junge bei seiner verwitweten Mutter. Sie heißt Heart Sorrow. Zunächst scheint es so, als habe der Junge keinen Namen, später erfährt er, daß sein Name Parsifal ist. Sein Vater wurde getötet, als er ein junges Mädchen rettete. Seine beiden Brüder fielen ebenfalls im Kampf als Ritter. Seine Mutter nahm ihn mit sich in eine ferne Gegend und erzog ihn unter sehr einfachen Verhältnissen. Er trug selbstgesponnene Kleider, besuchte keine Schule, stellte keine Fragen. Er ist ein einfacher, naiver Junge.

In seiner frühen Kindheit sieht er fünf Ritter, die auf Pferden an ihm vorüberreiten. Vom Anblick der Ritter ist er geblendet, von ihrer rot-goldenen Lederkleidung, von ihren Waffen und von ihrer ganzen übrigen Ausrüstung. Er rennt nach Hause und erzählt seiner Mutter, er habe fünf Götter gesehen. Und daß er von zu Hause weggehen wolle, um mit jenen zu ziehen. Seine Mutter weint. Sie hatte gehofft, er würde nicht das Schicksal seines Vaters oder das seiner Brüder erleiden. Aber sie gibt ihm ihren Segen und drei Einschärfungen mit auf den Weg: er soll alle edlen Frauen achten, er soll jeden Tag in die Kirche gehen, wo er alle Nahrung finden wird, die er braucht, und – er soll keine Fragen stellen.

Parsifal macht sich auf den Weg, die Ritter zu finden. Die gleichen fünf Ritter findet er nicht wieder, aber alle möglichen Abenteuer erlebt er nun. Eines Tages kommt er an ein Zelt. Er kannte nur seine kleine Hütte, und deshalb denkt er, das Zelt sei die Kirche, von der ihm seine Mutter erzählt hat. Er sieht eine schöne Frau, die einen Ring an ihrer Hand trägt, und er denkt an die Mahnung seiner Mutter. Als er die schöne Frau umarmt, nimmt er den Ring an sich und steckt ihn sich selbst an die Hand. Er sieht einen gedeckten Tisch, für ein Mahl vorbereitet, und – eingedenk der Bemerkung seiner Mutter, in der Kirche werde er alle Nahrung finden, die er braucht – beginnt er zu essen. Er merkt dabei nicht, daß der Tisch für den geliebten Ritter der schönen Frau gedeckt wurde. Die Frau bittet Parsifal, zu gehen, weil ihr Ritter ihn töten würde, fände er ihn jetzt hier.

Parsifal geht seiner Wege, und schon bald stößt er auf ein verwunschenes Kloster. Er kann es freilich nicht befreien. Aber er schwört, zurückzukommen und den Bann zu lösen, der über dem Kloster liegt, wenn er selbst erst einmal stärker geworden sein wird.

Dann trifft er auf einen Roten Ritter, der von König Arthurs Hof kommt. Wieder ist er vom Anblick eines Ritters geblendet. Ihm erzählt er, daß auch er ein Ritter werden möchte. Der Rote Ritter empfiehlt ihm, er solle nur an König Arthurs Hof gehen, was Parsifal auch befolgt. An diesem Hof lebt nun eine Frau, die seit sechs Jahren weder gelächelt noch gelacht hat. Eine Weissagung läuft um, daß sie wieder wird lächeln und lachen können, wenn der beste Ritter der Welt an den Hof kommen wird. Als sie jetzt Parsifal sieht, bricht sie in lautes Gelächter aus. Der ganze Hof ist beeindruckt davon. König Arthur läßt Parsifal zum Ritter schlagen. Er gibt ihm einen Pagen und sagt, er könne Pferd und Rüstung des Roten Ritters haben, wenn er ihn trifft.

Parsifal findet den Roten Ritter, tötet ihn, nimmt seine Rüstung an sich und streift sie sich über seine selbstgefertigte Kleidung. Sein Weg führt ihn dann zur Burg von Gournamond, der ihn voll zum Ritter ausbildet. Zwei Anweisungen gibt Gournamond ihm mit auf den Weg: Er soll niemals eine Frau verführen oder sich von einer Frau verführen lassen. Und wenn er an die Gralsburg kommt, soll er fragen: «Wem dient der Gral?»

Parsifal macht sich von dannen und versucht, seine Mutter wiederzufinden, um ihr zu helfen. Aber er findet heraus, daß sie an einem gebrochenen Herzen gestorben ist. Dann trifft er Blanche Fleur. Von diesem Augenblick an steht alles, was er tut, unter ihrem Einfluß. Sie fragt ihn, ob er die Armee, die ihre Burg belagere, besiegen könne. Er tut das, dann verbringt er die Nacht mit ihr.

Nachdem er den ganzen nächsten Tag geritten ist, trifft er zwei Männer in einem Boot. Einer von beiden, der nach Fischen angelt, lädt Parsifal ein, in der kommenden Nacht in seinem Haus zu bleiben. Als Parsifal das Haus erreicht, findet er sich in einer großen Burg wieder, wo er königlich willkommen geheißen wird. Er erfährt nun, daß der Mann, den er hat fischen sehen, der Fischer-König ist. Er wohnt einer Zeremonie bei, in der ein Junge ein Schwert trägt, von dem unaufhörlich Blut tropft. Ein Mädchen trägt den Grals-Pokal. Bei einem Festessen geht der Grals-Pokal reihum, und jeder trinkt daraus. Die Nichte des Königs bringt ein Schwert herein, und der König heftet es an Parsifals Seite. Aber Parsifal vergißt, die entscheidende Frage zu stellen, wie Gournamond es ihm auftrug. Am nächsten Morgen merkt Parsifal, daß alle Menschen aus der Burg verschwunden sind. Dann versinkt auch die Burg.

Er wandert weiter und trifft auf eine sorgenbeladene Frau. Er hört, daß ihr Mann getötet wurde durch eben jenen eifersüchtigen Ritter der Frau im Zelt, so daß der Tod dieses Ritters Parsifals Schuld ist. Als der Frau klar wird, daß er in der Gralsburg war, schimpft sie ihn wegen all seiner Unterlassungen aus und erklärt ihm, daß Land und Leute trostlos und unerlöst bleiben werden, weil *er* es versäumte, die richtige Frage zu stellen.

Später trifft er noch einmal auf die Frau aus dem Zelt. Noch einmal hält sie ihm alle seine Mißgriffe und Unterlassungen vor und verrät ihm, daß das ihm verliehene Schwert zerbrechen wird, wenn er es zum erstenmal im Kampf gebrauchen wird. Nur *der* Schmied, der es angefertigt habe, könne es ausbessern. Dann werde es nicht mehr zerbrechen.

Im weiteren Verlauf seiner Wanderung besiegt er viele Ritter und schickt sie alle an König Arthurs Hof zurück. Als er auf der Gralsburg gewesen war, hatte man nicht wirklich wahrgenommen, wer er war. König Arthur setzt die Suche nach Parsifal fort, damit er bei Hofe geehrt werden könne. Es trifft sich, daß Parsifal ganz in der Nähe lagert. Ein Falke greift drei Gänse an und verwundet eine von ihnen. Ihr Blut im Schnee erinnert ihn an Blanche Fleur, und er fällt in einen tiefen Traum.

Zwei von Arthurs Männern sehen ihn und versuchen, ihn zu überreden, an den Hof zurückzukehren. Aber er reitet ihnen davon. Ein dritter Ritter, Gawain mit Namen, redet ihm gut zu, mit ihm zusammen an den Hof zurückzukehren. Im Triumph wird Parsifal am Hof empfangen.

Die Freude des Wiedersehens endet recht plötzlich, als ein scheußliches altes Weib auf einem zerschundenen Maulesel hereinreitet und Parsifals Sünden und Fehler auspackt. Dann streckt sie die Finger gegen ihn aus und schreit: «Das alles ist deine Schuld.» Allen Rittern stellt sie Aufgaben. Parsifal fordert sie auf, die Gralsburg noch einmal zu suchen und dieses Mal die richtige Frage zu stellen.

Parsifal erlebt noch weitere Abenteuer. Einige Fassungen der Grals-Erzählung sprechen von fünf, andere von zwanzig Jahren, die er umherzieht. Er wächst heran, verbittert und enttäuscht. Er leistet noch manche Heldentat, die Kirche, Blanche Fleur und die Gralsburg vergißt er.

Eines Tages trifft er auf einen Pilgerzug. Die Pilger fragen ihn, warum er am Karfreitag in Waffen gehe. Plötzlich erinnert er sich alles dessen, was er vergaß. Reuevoll schließt er sich den Pilgern an und zieht mit ihnen zu einem Einsiedler zur Beichte. Der Einsiedler erteilt ihm Absolution und trägt ihm auf, sofort zur Gralsburg zu gehen.

Die Dichtung Chrétien de Troyes bricht an dieser Stelle ab. Eine fortgeführte Fassung der Legende besagt, daß Parsifal tatsächlich zur Gralsburg kommt und diesmal auch die richtige Frage stellt; «Wem dient der Gral?» Die Antwort, die ihm gegeben wird, lautet: «Der Gral dient dem König des Grals.» Nicht der Fischer-König, sondern der Gralskönig ist es, der seit undenklichen Zeiten in der großen Halle der Burg lebt. Der Fischer-König ist auf der Stelle geheilt, und das Land mit allen seinen Bewohnern kann in Frieden und Freude leben.

LITERATURHINWEISE

Grundlagenliteratur

Jung, Emma und von Franz, Marie-Louise, Die Graalslegende in psychologischer Sicht, 1960, Walter, Olten 1980

Hinzugezogene Werke

Campbell, Joseph, Der Heros in tausend Gestalten, Suhrkamp, Frankfurt/M. 1978
- Myths To Live By, Vicking Press Inc., New York
- The Portable Jung, Vicking Press Inc., New York

Jung, Carl Gustav, Der Mensch und seine Symbole, Walter, Olten 1968
- Erinnerungen, Träume, Gedanken, Walter, Olten 1971

Kelsey, Morton T., Encounter With God, Bethany Fellowship Inc., Minneapolis, Minn. 1972
- Träume. Ihre Bedeutung für den Christen, Wetzenhausen 1974

Sanford, John A., Gottes vergessene Sprache, Rascher, Zürich 1966
- Alles Leben ist innerlich, Walter, Olten 1973
- The Man Who Wrestled With God, Religious Publishing Co., King of Prussia, Pa. 1974

Whitmont, Edward C., The Symbol Quest, G.P. Putnam's Sons, New York (in paperback: Harper and Row)

SIE

ZUM VERSTÄNDNIS
DER WEIBLICHEN PSYCHE

Auf der Grundlage des Mythos von Amor und Psyche
und der Psychologie C. G. Jungs

Für John Sanford,
dem eigentlichen geistigen Vater
dieses Buches.

Dank

Meine große Wertschätzung möchte ich Glenda Taylor und Helen Macey entgegenbringen für die so überaus tapfer wahrgenommenen Aufgaben der Niederschrift, der Ergänzungen, der redaktionellen Bearbeitung und der Abschrift der Vortragsbänder in eine lesbare Form. Danksagen möchte ich aber auch den vielen Leuten von St. Paul in San Diego für ihren Beitrag zum Entstehen dieses Buches.

Einführung

Die Geschichte von Amor und Psyche ist eine der besten und aufschlußreichsten Erklärungen der Psyche der weiblichen Persönlichkeit, über die wir verfügen. Es handelt sich um einen althergebrachten, vorchristlichen Mythos, der erstmals in der Zeit des klassischen Griechenlands erwähnt wird. Schon zuvor aber erfreute er sich einer langen mündlichen Überlieferung. Auch heute hat er für uns noch Gültigkeit.

Das ist nicht verwunderlich, wenn man sich klarmacht, daß, so wie der chemische Aufbau des menschlichen Körpers heute noch der gleiche ist wie zur Zeit der Griechen, dies auch für die unbewußte psychische Dynamik der menschlichen Person gilt. Physische wie psychische Grundbedürfnisse des Menschen sind unverändert, obgleich die Form ihrer Befriedigung sich von Zeit zu Zeit ändern kann.

Es ist deshalb lehrreich, wenn wir die Grundmuster menschlichen Verhaltens und der menschlichen Persönlichkeit studieren wollen, sich gerade den frühesten Quellen zuzuwenden, in denen ihre Darstellung so direkt und einfach ist, daß wir gar nicht umhin können, sie zu verstehen. Wenn wir gelernt haben, die Grundstruktur zu verstehen, können wir vielleicht dann auch damit beginnen, diejenigen Veränderungen, die zu unserer Zeit gehören, zu sehen und zu beobachten.

Mythen sind reiche Quellen psychologischer Einsichten. Große, klassische Literatur, wie jede klassische Kunst, hält die grundlegenden menschlichen Lebensverhältnisse fest und spiegelt sie mit unauslöschlicher Genauigkeit wider. Mythen

sind eine besondere Art von Literatur. Gewöhnlich werden sie nicht aufgeschrieben oder nur durch einen Menschen geschaffen. Sie sind vielmehr das Ergebnis gemeinsamer Vorstellungen und Erfahrungen eines gesamten Zeitalters und seiner ganzen Kultur.
Dabei scheinen sich Mythen schrittweise zu entwickeln. Bestimmte Motive tauchen auf, werden weiter ausgestaltet, und sie werden schließlich dadurch abgerundet, daß sich die Leute bestimmte Geschichten wieder und wieder erzählen, Geschichten, die ihr Interesse wecken und die es auch weiterhin beanspruchen. Universelle Themen werden so am Leben gehalten und weitergetragen, während diejenigen Elemente, die mehr für einzelne Menschen wichtig und eigentümlich sind, dabei gewöhnlich verblassen. Mythen zeichnen daher ein kollektives Bild. Sie handeln von Dingen, die für *alle* Menschen wichtig sind und die für alle Menschen gelten.
Das widerspricht der gegenwärtigen Definition unserer «rationalen» Gesellschaft vom Mythos als etwas Unwahrem oder als etwas nur in der Einbildung Vorhandenem. «Weil es ein Mythos ist, ist es überhaupt nicht wahr», hören wir. Aus den genannten Gründen ist ein Mythos in Wirklichkeit in seiner Tiefe und in seiner Universalität wahr.
Ein Mythos kann ein Phantasiegebilde sein, das Produkt menschlicher Einbildungskraft, aber nichtsdestoweniger ist er wahr und real. Er bezeichnet Ebenen der Wirklichkeit, die die äußere, rationale Welt ebenso einschließen wie die weniger bekannte innere Welt in der Seele jedes einzelnen Menschen.
Die vermeidbare Verwirrung mit Blick auf eine zu enge Definition von «Realität» kann durch das Beispiel der Gedanken eines kleinen Kindes nach einem nächtlichen Albtraum deutlich werden. Zur Beruhigung kann ein Elternteil sagen:

«Es war doch nur ein Traum; das Ungeheuer, das du gesehen hast, war ja gar nicht wirklich da.» Davon läßt sich das Kind jedoch nicht überzeugen. Und das mit Recht. Für das Kind war das Ungeheuer ebenso lebendig wie jede andere Erfahrung in der äußeren Welt. Das Ungeheuer, von dem es träumte, spukte zwar nur in seinem Kopf herum und war nicht wirklich im Schlafzimmer, nichtsdestoweniger besaß es eine furchtgebietende, schreckliche Realität mit Macht und Einfluß auf die emotionalen und körperlichen Reaktionen des Kindes. Für das Kind besaß es eine innere Wirklichkeit, die nicht geleugnet werden kann und die auch nicht geleugnet werden sollte.

Ein Mythos ist jedenfalls ein Erzeugnis einer kollektiven Einbildung und nicht das Ergebnis einer wissenschaftlichen oder rationalen Entwicklung; aber er ist zutiefst real. Wegen der Eigentümlichkeit seiner Entwicklung über Jahre des Wiedererzählens und des Ausschmückens hinweg wird er durch unzählige Menschen zum Träger einer mächtigen kollektiven Aussage.

Von vielen Psychologen wurden Mythen sorgfältig studiert. C. G. Jung beispielsweise widmete in seinen Studien über die der menschlichen Persönlichkeit zugrundeliegenden Strukturen den Mythen seine besondere Aufmerksamkeit. Er entdeckte in ihnen den Ausdruck grundlegender seelischer Muster. Wir möchten mit unserer Studie über Amor und Psyche etwas Gleiches tun.

Zunächst müssen wir jedoch mythologisch denken lernen. Das ist ein Vorgang, der Freude und Spannung schafft. Mächtige Dinge ereignen sich, wenn wir uns dem mythologischen Denken zuwenden und wenn wir uns damit beschäftigen, was Mythen, Märchen und was unsere eigenen Träume für uns bedeuten. Begriffe und Rahmen der alten Mythen erscheinen fremdartig, sie wirken archaisch auf uns und fern. Hören wir jedoch sorgfältig hin, und nehmen wir sie ernst, dann beginnen wir, wirklich zu hören und zu verstehen. Manchmal muß eine mythologische Bedeutung erst übertragen werden. Das ist aber nicht schwer, wenn wir erst einmal wissen, wie es gemacht wird.

Viele Autoren, die «Amor und Psyche» gelesen haben, haben diese Geschichte als Erklärung der weiblichen Persönlichkeit schlechthin interpretiert. Gleich zu Anfang unserer Studie ist es deshalb vielleicht klug, darauf hinzuweisen, daß wir von Weiblichkeit, von Feminität sprechen, *wo* immer sie vorkommt, in Männern *wie* in Frauen.

In einer seiner tiefschürfendsten Entdeckungen hat Jung gezeigt, daß, ebenso wie jeder Mann genetisch rezessive weibliche Chromosomen und Hormone hat, er ebenfalls eine Anzahl femininer psychischer Eigenschaften besitzt, die ein Minderheitselement in ihm bilden. Gleichermaßen trägt eine Frau eine psychisch maskuline Minderheitskomponente in sich. Die männliche feminine Seite hat Jung die anima genannt, die weibliche maskuline Seite nannte er den animus.

Über die anima und den animus ist viel geschrieben worden. Über beide Begriffe werden wir später noch mehr sagen. An dieser Stelle mag es genügen, festzustellen, daß, wann immer wir von den femininen Aspekten des Mythos von Amor und Psyche sprechen, wir nicht allein über Frauen reden, sondern auch von der anima des Mannes, von seiner femininen Seite. Dieser Zusammenhang mag einer Frau eher einleuchten, da ja Feminität ihre hauptsächliche psychische Qualität darstellt. Es gibt aber auch so etwas wie eine Parallele zur anima des Mannes – nämlich den animus in der Frau.

1

Beginnen wir nun mit unserer Geschichte von Amor und Psyche.
Es war einmal ein Königreich. Immer gibt es irgendwo ein Königreich. Damit fängt es immer an. Es gibt einen König, und es gibt eine Königin, und sie haben drei Töchter. Die beiden ältesten Töchter sind gewöhnliche Prinzessinnen (soweit eine Prinzessin gewöhnlich sein kann). Sie sind nicht sonderlich bemerkenswert.
Die dritte Tochter hingegen, mit Namen Psyche, ist eine außergewöhnliche Person. Sie ist schön, charmant in ihrem Benehmen und in ihrer Sprache. In ihrer ganzen Persönlichkeit ist sie so göttinnengleich, daß ein Kult der Verehrung um sie herum entsteht. Die Menschen fingen an zu sagen: «Seht nur, hier ist die neue Aphrodite. Hier ist eine neue Göttin.»
Von altersher nun war Aphrodite die Göttin des Weiblichen, der Feminität. Sie hatte von Anfang an regiert, nur wie lange schon, das wußte niemand genau. Nun fingen die Leute an, davon zu sprechen, daß Psyche ihren Platz einnehmen würde. Mit den poetischen und schönen Worten des Mythos heißt es, die Asche der heiligen Feuer im Tempel der Aphrodite wurde kalt.
Die unterschiedlichen Ursprünge dieser beiden, Aphrodite und Psyche, sind schon kennzeichnend und bedeutungsvoll. Dem Gott Uranus wurden die Geschlechtsteile abgetrennt, und sie fielen ins Meer. Das Meer wurde befruchtet, und Aphrodite ward geboren. In einem wundervollen Gemälde

Botticellis – die Geburt der Venus – wurde diese Geburt verewigt. (Venus ist der römische Name für Aphrodite.) Das Gemälde stellt Venus dar, wie sie auf einer Woge hinausgetragen wird, auf einer Muschel stehend. Diese Darstellung ist ungewöhnlich schön. Andererseits wird berichtet, daß Psyche geboren wurde, als ein Tautropfen vom Himmel auf die Erde fiel.

An dieser Stelle beginnen wir mit unserer mythologischen Deutung.

Versteht man den Unterschied zwischen diesen beiden Geburten richtig, so zeigt sich gleich das verschiedene Wesen dieser beiden Göttinnen. Aphrodite ist eine Göttin, aus dem Meer geboren. Sie ist ursprünglichste ozeanische Feminität. Sie entstammt der vorbewußten Entwicklungsphase. Auf dem Meeresboden ist sie beheimatet, und dort hält sie auch Hof. Erich Neumann nennt sie die Göttin der Fruchtbarkeit der Fluten. Psychologisch ausgedrückt: sie herrscht im Unbewußten, symbolisiert durch die Fluten des Meeres. Sie kann deshalb kaum mit normalen Begriffen des menschlichen Bewußtseins erfaßt werden. Zu ozeanischer Weiblichkeit kann man kaum eine Beziehung herstellen, genauso gut könnte man sich mit einer Flutwelle abgeben. Es ist schwierig, sich mit der Aphrodite-Natur auseinanderzusetzen, eben weil sie *ursprüngliche* Feminität ist. Bewundern kann man sie oder verehren, man kann von ihr niedergeschlagen werden, oder man kann dem Weg des Mythos folgen, nämlich Psyches Weg einer Entwicklung zu einer neuen Stufe von Weiblichkeit.

Jede Frau trägt eine Aphrodite in sich, die man leicht erkennen kann. Ihre Hauptmerkmale sind: Eitelkeit, die heimliche Begierde, zu verführen, Fruchtbarkeit und Tyrannei, falls man sich ihr in den Weg stellt.

Wunderschöne Geschichten gibt es über Aphrodite und ihren Hofstaat. Sie hat eine Dienerin, die vor ihr herschreitet und die ihr einen Spiegel vorhält, so daß sie sich dauernd bewundern kann. Immer trägt irgend jemand Wohlgerüche vor ihr her. Eifersüchtig ist sie, und sie duldet keinen Vergleich. Fortwährend stiftet sie Ehen, und sie ist erst zufrieden, wenn jeder sich im Sinne ihrer Fruchtbarkeitsziele bemüht. Kupplerische Frauen, Spielmacherinnen ihrer Art, die eifersüchtig darüber wachen, daß jeder Junggeselle unter die Haube kommt: das sind Aphroditen.

Heuzutage kann man Aphrodite überall sehen. In jedem Supermarkt stellt Aphrodite ihre Gemüsewägelchen quer in die Warenstraße und spricht zu sich: «Wenn du mich schon nicht hofieren willst, sollst du wenigstens in meinen Wagen reinrennen.» Das ist Aphrodite heute.

Für eine moderne, halbwegs intelligente Frau ist es sehr aufregend, ihre eigene Natur als Aphrodite zu entdecken und damit auch all die ursprünglichen, instinktiven Tricks, derer sie sich bedient. Es gibt Frauen, die in Wut geraten, wenn ihre Männer auch nur ein klein wenig von der geraden und engen Linie abweichen, die sie ihnen diktiert haben. Auch das ist Aphrodite.

Es ist nur zu natürlich, daß immer dann, wenn eine neue Form von Weiblichkeit auf der Bühne der Entwicklung auftaucht, Aphrodite, die Göttin der überlieferten alten Weiblichkeit, böse wird. Sie steht neben der Moral; sie lebt vor dem Zeitalter der gültigen Moral. Zur Ausschaltung eines Gegenspielers wird sie alle ihr zur Verfügung stehenden Mittel einsetzen. Sie ist tatsächlich durch und durch eine Nutte. Jede Frau weiß darum angesichts ihrer eigenen plötzlichen Rückfälle in ihre Aphrodite-Natur. Eine Frau macht eine schreckliche Figur, wenn sie in diesen Zustand fällt.

In ihrer Nähe zittert jeder Mann, denn vor einer Aphrodite erschrecken Männer. Das muß ein friedfertiger Haushalt sein, wo jemand schmeichlerisch sagen kann: «Schau, Liebling, erinnerst du dich an Aphrodite?»
Trotz allem ist Aphrodite eine wertvolle Figur. Sie verkörpert die ursprüngliche, instinktive Mutterschaft, die zur Erhaltung der Art erforderlich ist. Im weiteren Verlauf unserer Geschichte werden wir sehen, daß sie Psyche nicht unterdrückt. Im Gegenteil, sie unternimmt in Wirklichkeit alles, damit Psyche wachsen kann, obgleich sie darüber so unglücklich ist, daß man kaum geneigt ist, Aphrodite übermäßig viel Vertrauen entgegenzubringen.
Eines der wunderbarsten Dinge in der Struktur des Unbewußten der menschlichen Person ist es, daß, wenn die Zeit für weiteres Wachstum reif ist, die alten Formen, die alten Gewohnheiten den Weg freimachen und die neuen einziehen lassen. Dem neuen Wachstum scheinen sie stets zu folgen, wer weiß – vielleicht ist *das* der richtige Weg, um zu einem neuen Bewußtsein zu kommen.
Es gibt eine Geschichte über den ersten in Gefangenschaft geborenen Elefanten. Sein Tierwärter war erschrocken, als die anderen Elefanten im Gehege sich in einem Kreis zusammenstellten und sich das Elefantenbaby gegenseitig zustießen. Der Wärter glaubte, sie würden es töten, doch sie brachten es nur zum Atmen.
Die fürchterlichsten Dinge scheinen sich beim Auftreten eines neuen Wachstums zu ereignen. Später merkt man dann, daß es genau das war, was notwendig wurde. Aphrodite, die ständig kritisiert wird, unternimmt in Wirklichkeit alles, um eine weitere Entwicklung von Psyche möglich zu machen. *Nach* dem Ereignis kann man positiv darüber sprechen, aber wenn es sich abspielt, wenn man drinsteckt, ist es verteufelt

schmerzhaft. Während dieser Zeit spielt sich eine Art chaotischer Entwicklungskrieg in einem ab. Die alte Art, in unserem Fall die Aphrodite-Natur, ist nach rückwärts gerichtet, sie zieht einen zurück ins Unbewußte. Doch gleichzeitig zwingt sie einen vorwärts, in ein neues Leben hinein, manchmal unter großen Risiken. Es kann durchaus sein, daß sich Entwicklungen auf andere Art und Weise abspielen, es kann aber auch sein, daß Aphrodite das alleinige Element darstellt, das Wachstum bewirken kann. Es gibt zum Beispiel Frauen, die nicht wachsen würden, hätten sie nicht eine Tyrannin zur Schwiegermutter. (Aphrodite erscheint regelmäßig in Gestalt von Schwiegermüttern. Die bösartige Stiefmutter ist eine weitere Parallele.)

Der größte Teil ihrer seelischen Störungen ist bei einer modernen Frau in der Kollision zwischen ihrer Aphrodite- und ihrer Psyche-Natur zu sehen. Das zu wissen, kann ihr helfen, einen Rahmen zum Verständnis dieses Prozesses zu entwickeln. Wenn sie erkennen kann, was sich abspielt, hat sie schon ein gutes Stück auf dem Weg zu einem neuen Wissen zurückgelegt. Das Erkennen der Aphrodite in ihr kann also wertvoll für sie sein. Wenn auf der anderen Seite ein Mann in einer Frau die Aphrodite erkennen kann und weiß, was jetzt zu tun und was zu unterlassen ist, so ist auch er gleichermaßen gut dran.

2

Nachdem wir einiges über die Natur Aphrodites erfahren haben – der älteren, primitiveren Stufe von Weiblichkeit –, wollen wir uns nun die Neuerscheinung in der Szene ansehen: Psyche. Psyche wurde geboren, als ein Tautropfen aufs Land fiel. Das Land steht als Symbol für das Bewußtsein. Wir sehen also einen Wechsel vom Meer zum Land. Anstelle der Fluten des Unbewußten haben wir nun die handgreifliche Wassermenge eines Tautropfens.

Psyches Natur ist so wunderbar, so weltentrückt, so jungfräulich, unberührt und rein, daß sie verehrt wird. Aber sie wird nicht hofiert, man dient ihr nicht. Dies bedeutet das Erleben einer schrecklichen Einsamkeit. Die arme Psyche kann nämlich keinen Ehemann finden.

In diesem Sinne gibt es in jeder Frau eine Psyche, und die erlebt äußerste Einsamkeit. Jede Frau ist ein Stück Königstochter, zu lieblich, zu vollkommen, zu tief angelegt für die gewöhnliche Welt. Fühlt eine Frau sich einsam und unverstanden, entdeckt sie, daß die Leute es zwar gut mit ihr meinen, aber dennoch Distanz zu ihr wahren, dann hat sie die Psyche-Natur in sich selbst entdeckt. Das tut weh und ist schmerzlich. Frauen werden dieser Situation oft auf schmerzhafte Weise gewahr, erkennen aber die eigentlichen Ursachen nicht, die in *ihrer* Psyche-Natur liegen und gegen die kein Kraut gewachsen ist. Dieser Teil der Person bleibt während der meisten Zeit des Lebens unberührt, unverbunden und un-verheiratet.

Unsinnige Mechanismen laufen in jeglicher Form ab, wenn

eine Frau versucht, ihre Psyche-Natur in das alltägliche Geben und Nehmen einer zwischenmenschlichen Beziehung einzubringen. Bildet die Psyche-Natur den größten Teil einer Frau, dann ist ihr wahrhaft eine schwere Aufgabe aufgebürdet. Sie bricht in Tränen aus und beklagt sich: «Niemand versteht es.» Und das stimmt auch. Diese Eigenschaft trägt als Anlage jede Frau in sich, ohne Unterschied zur jeweiligen Lebenssituation. Kennt man aber diese Eigenschaft und kann man sie bei einer Frau ansprechen, so kann die hehre Schönheit einer Psyche in ihr Bewußtsein treten, und eine freundliche, edle Entwicklung kann beginnen.

Wenn eine Frau sehr schön ist, dann ist das Problem vielschichtig. Ein gutes Beispiel dafür war Marilyn Monroe. Überall wurde sie angehimmelt, landauf, landab. Sie schaffte es aber nicht, mit irgend jemandem in eine *vertraute* Beziehung zu treten. Das wurde ihr zum Schluß unerträglich. Ein derartiger Mensch scheint der Träger einer gottähnlichen Eigenschaft zu sein, einer fast unnahbaren Vollkommenheit. Hat man das verstanden, so kann vielleicht die Entwicklung einsetzen, die von Psyche gefordert wird. Leicht ist das freilich nicht.

Einmal sah ich einen Film, in dem zwei schrecklich entstellte Menschen sich ineinander verliebten. Durch den Zauber ihrer Phantasie erschienen sie sich gegenseitig unsagbar schön, und so entspann sich eine Liebesgeschichte zwischen diesen beiden wohlgeformten, schönen Menschen. Der Film endete mit einem Rückblick der Kamera auf die zu Beginn so entstellten Gesichter. Die Zuschauer wußten freilich, wo sie durch die Handlung des Films hingeführt worden waren: sie hatten einen Gott und eine Göttin gesehen.

Psyche bleibt das Sorgenkind ihrer Eltern. Während ihre beiden älteren Schwestern glücklich mit Nachbarskönigen verheiratet sind, hält niemand um Psyches Hand an. Alle verehren sie nur. Der König geht schließlich zu einem Orakel, das zufällig von Aphrodite beherrscht wird, und sie, die böse und eifersüchtig auf Psyche ist, läßt das Orakel ein schreckliches Urteil sprechen. Psyche soll vermählt werden – und zwar mit dem Tod, der scheußlichsten, fürchterlichsten und schrecklichsten aller nur denkbaren Kreaturen. Psyche soll auf einen Berggipfel gebracht und dort an einen Felsen gekettet werden. So soll sie dieser entsetzlichen Kreatur, dem Tod, zur Vergewaltigung überlassen werden.

Die Griechen nahmen diesen Spruch des Orakels ohne inneren Widerstand auf, er wurde als gültig angesehen, absolut. Auch Psyches Eltern stellen den Spruch nicht in Frage. Sie veranstalten eine Hochzeitsprozession, die einem Leichenzug gleicht, verbringen Psyche, wie angewiesen, auf den Berggipfel und ketten sie am Felsen des Gipfels an. Fluten von Tränen werden vergossen. Darauf löschen die Eltern die Fackeln und lassen Psyche allein in der Dunkelheit zurück.

Was bedeutet das? Psyche soll verheiratet werden. Und sie *bekommt* einen Mann. Die Heirat ist jedoch ein unglückliches Ereignis, da ihr Mann der Tod ist. An ihrem Hochzeitstag stirbt die Jungfrau. Ihre Hochzeit ist zugleich ein Begräbnis. Das ist recht aufschlußreich. Viele unserer Hochzeitsbräuche sind in Wahrheit Bestattungsrituale. Bei primitiven Hochzeiten wurde das Heiraten als solches gefeiert, aber zugleich war es eine Beerdigung, es war die Verwandlung in einen anderen Zustand, *und* es war ein Freudentaumel. Viele von unseren Hochzeitsbräuchen stammen noch aus grauer Vorzeit, als Hochzeiten Entführungen und als der Trauzeuge und dessen Freunde noch Entführer waren. Die Brautjungfern hingegen waren die Beschützer der Jungfräulichkeit der Braut. Konnte ein Mann seine Frau nicht auf diese Weise gewinnen, war er ihrer nicht würdig. Beerdigungsriten und Entführungen lassen sich auch heute noch in unseren Hochzeiten erkennen. Zwar erinnert man die Menschen an ihrem Hochzeitstag nicht gerne daran, aber so manche Braut weint doch an ihrem Hochzeitstag.

Eines der Probleme, die mit dem Heiraten zusammenhängen, ist, daß wir diese Dualität im Brauchtum und im Ritual kaum noch wahrnehmen. Das schafft allerlei Unruhe. Um die *beiden* Aspekte der Hochzeit kommt man aber einfach nicht herum, heute ebensowenig wie im antiken Griechenland. Das wird leider ignoriert. Wir haben keinen Platz mehr für die Erfahrung des Sterbens eines Mädchens in der Trauung. Wir versuchen, alles fröhlich, weiß und rosa zu arrangieren, und doch sollten wir uns irgendwo mit der Rolle des Sterbens auseinandersetzen. Tun wir es nicht, so wird diese Seite zu einer späteren, dann vielleicht weniger passenden Zeit ausgelebt werden. Eine Frau erlebt das dann möglicherweise als einen starken Widerwillen gegen ihre Ehe.

Einmal habe ich das Bild einer türkischen Hochzeitsgesellschaft gesehen, bei welcher kleine Jungen von acht oder neun Jahren einen Fuß an den Oberschenkel gebunden hatten und auf einem Bein herumhüpften. Das sollte jeden daran erinnern, daß bei der Hochzeit sowohl Leid als auch Freude gegenwärtig sind.

Einige afrikanische Vermählungen sind nur dann überhaupt gültig, wenn auf dem Körper der Frau deutlich Kratzer und Wunden sichtbar werden. Wir würden das barbarisch finden, und das ist es auch. Aber die elementare Realität, die in der Sache liegt, sollten wir auch sehen. Vielleicht ist das

Mädchen, das einige Stunden vor der Hochzeit ihre Mutter aufsucht und in Tränen ausbricht, weise. Denn wenn das Opfer, das der Eheschließung innewohnt, gebracht ist, dann ist auch die Freude der Hochzeit möglich. Aphrodite jedenfalls liebt keine Jungfrauen, die in den Armen der Männer sterben. Es entspricht nicht ihrer Natur, sich dem Manne zu unterwerfen. So ist die Aphrodite in einer Frau an ihrem Hochzeitstag entweder in Tränen aufgelöst, oder sie ist in freudiger Erregung – oder beides zugleich.

Hier können wir wieder das Paradoxon der Entwicklung, das wir schon erwähnten, beobachten. Aphrodite ist es, die Psyche zum Tode verurteilt. Aber *sie* ist es auch, die als Kupplerin Ehen stiftet. Doch Aphrodite weint auch und ist wütend am Hochzeitstag über den möglichen Verlust an Freiheit und Individualität der Braut, über den Verlust ihrer Jungfräulichkeit. Der Schub nach vorn in die Ehe wird begleitet (und paralysiert) durch einen nach rückwärts gerichteten Zug einer Sehnsucht nach Selbständigkeit und Freiheit, nach dem früheren Zustand.

Hochzeiten sind starke Zeiten. Manche elementaren Kräfte werden frei. Ich habe einmal eine Karikatur gesehen, die mit viel Talent die archetypischen Kräfte bei einer Hochzeit zusammenfaßte. Sie zeigte die Gedanken beider Elternteile. Der Vater der Braut ist ärgerlich über diesen Kerl, der verwegen genug ist, ihm seine Lieblingstochter wegzuschnappen. Der Vater des Bräutigams hingegen triumphiert angesichts der Überlegenheit des Männlichen – zumindest für einen Tag. Die Mutter der Braut erschauert über diese Bestie von Bräutigam, die da einfach eindringt; ihrerseits erschauert die Mutter des Bräutigams über diese Kreatur, die ihren, ach noch unberührten Sohn verführt und ihr weggenommen hat. Alle diese Archetypen (diese alten, eingefahrenen Denk- und Verhaltensmuster, die im Unbewußten der menschlichen Psyche in den unzähligen Jahren der menschlichen Entwicklung angelegt wurden) waren herausgearbeitet.

3

Um Psyche zu vernichten, was Aphrodite im Sinn hat, benötigt sie Hilfe. Und so bemüht sie sich um die Hilfe durch ihren Sohn Eros, den Gott der Liebe. Eros, Amor und Cupido sind nur verschiedene Namen, die man dem Gott der Liebe verliehen hat. Da Cupido auf das Niveau von Karten zum St.-Valentinstag herabgesunken ist und Amor seiner Würde beraubt wurde, wollen wir den Namen Eros für diesen Gott verwenden.

Eros trägt seinen Köcher mit den Pfeilen, und jeder im Olymp ist durch ihn in Gefahr: nicht einmal Zeus kann der Macht des Eros entfliehen. Doch Eros steht seinerseits unter der Fuchtel seiner Mutter Aphrodite. Sie weist ihn an, Psyches Liebe für dieses gehässige Untier zu entflammen, das da kommen und um sie werben wird, womit dann auch die Gefahr, die von Psyche ausgeht, für Aphrodite zu Ende ist.

Eines der Hauptmerkmale von Aphrodite ist es, daß sie fortwährend rückwärts gerichtet ist. Sie will die Dinge zurückdrehen, dorthin, wo sie schon einmal waren. Sie will, daß die Entwicklung rückwärts läuft. Sie ist die Stimme der Tradition, und ironischerweise ist es eine schöne Stimme, wenn sie intelligent eingesetzt wird.

Es gibt viele Ebenen, von denen aus man Eros betrachten kann. Man kann ihn als den äußeren Menschen, den Ehemann oder als den Mann schlechthin ansehen. Oder man kann ihn als den weiblichen animus betrachten, die innere Männlichkeit der Frau. Im weiteren Verlauf werden wir beide Aspekte von Eros anschauen.

Eros erfüllt die Bitte seiner Mutter, aber just in dem Augenblick, in dem er Psyche gewahr wird, schneidet er sich seinen Finger an einem seiner eigenen Pfeile und – verliebt sich in sie. Spontan entscheidet er sich für Psyche als seine Braut und bittet seinen Freund, den Westwind, sie sanft von der Bergesspitze in das Tal des Paradieses herabzuheben. Der Westwind tut das, und Psyche findet sich plötzlich im Himmel auf Erden. Sie stellt keine Fragen an Eros. Man stelle sich das vor: in einer Alabasterhalle mit Dienern, Musik, leckerem Essen, Schönheit und Unterhaltung den ganzen Tag lang, dort kommt sie an. Natürlich stellt sie da keine Fragen. War es nicht bereits Glück genug, vom Tode befreit zu sein? Sie will oder sie braucht jetzt kein weiteres Wissen, kein vertieftes Bewußtsein. Manchmal fühlt man, daß sich für einen bestimmten Augenblick genug Evolution ereignet hat, man fragt dann nicht nach mehr.

Psyches Erfahrung auf dem Berg des Todes ist eine eigenartige Sache. Es gibt fünfzigjährige Frauen, die nie auf dem Berg des Todes waren, obwohl sie vielleicht schon Großmütter sind. Die Qualität des Tautropfens ist nicht verschwunden aus ihrem Leben. Es gibt auch junge Mädchen von 16 Jahren, die diese Erfahrung gemacht und überlebt haben und die von nun an eine bestürzende Weisheit in ihren Augen haben.

Diese Dinge ereignen sich nicht automatisch in einem bestimmten Alter. Ich weiß von einem sechzehnjährigen Mädchen, das ein unerwünschtes Kind erwartete. Sie ging fort, um es abgeschieden und in Ruhe zur Welt zu bringen. Das Kind wurde dann von anderen adoptiert. Sie sah es nie. Das Mädchen selbst hatte sich nicht verändert. Einige Jahre später heiratete sie, und wenn man jemanden als Jungfrau bezeichnen kann, dann sie. Psychisch war sie unberührt geblieben, obwohl sie schon ein Kind hatte.

So hört die Psyche in einer jeden Frau mit ihrer Naivität zu sehr unterschiedlichen Zeiten auf im Leben. Jedenfalls fällt es nicht einfach mit der Hochzeit zusammen. Viele Mädchen sind da mit sechzehn schon hindurch, was bitter ist. Man sollte mit sechzehn noch nicht an einen Berg gekettet sein.
Für einen Mann ist die Ehe etwas völlig anderes als für eine Frau. Der Mann gewinnt an Statur, seine Welt wird stärker, und er ist eine Sprosse weitergekommen. Gewöhnlich versteht er es gar nicht, daß er die Psyche in seiner neugewonnenen Frau tötet, und daß er das sogar tun muß. Wenn sie sich eigenartig benimmt, kollabiert oder wenn irgend etwas furchtbar quer läuft, versteht er es in der Regel nicht, daß sie die Hochzeit und die Heirat völlig anders erlebt als er.
Nichtsdestoweniger findet Psyche in unserem Mythos, ihr Paradies sei wunderschön. Sie verfügt über alles, was man sich nur wünschen kann. Ihr Gott-Ehemann Eros ist jede Nacht bei ihr. Nur eine Bedingung erlegt er ihr auf: er nimmt ihr das Versprechen ab, ihn niemals anzusehen und nichts über ihn in Erfahrung bringen zu wollen. Sie kann haben, was sie will, sie kann in ihrem Paradies leben, aber sie darf nicht fragen, um ihn wirklich kennenzulernen. Psyche stimmt dem zu. Sie will seine Frau sein und das tun, was er wünscht.
Fast jeder Mann wünscht sich das von seiner Frau: Wenn sie nur nicht nach dem Bewußtsein fragt, wenn sie sich nur still verhält. Er will die alte, patriarchalische Ehe, in der der Mann alle wichtigen Probleme entscheidet, die Frau zu ihm ja sagt, und wo es ruhig zugeht. Jeder Mann hegt in sich die Hoffnung, daß es so zugehen wird, und für eine kurze Dauer besteht auch die Möglichkeit, daß die Ehe so laufen kann.
Aus einem bestimmten Grund hat die Psyche in jeder Frau ein Stadium zu durchlaufen, mindestens für eine kurze Zeit,

in dem sie sich dem Manne völlig unterwirft. Das ist eine archetypische Schwelle, die unvermeidbar ist. Eine Frau braucht sich in dieser Phase nicht lange aufzuhalten, aber für eine kurze Zeit muß sie dieses Erlebnis haben. Das kann als Echo einer bestimmten primitiven Tradition, in der sie dem Manne nachgeordnet ist, gedeutet werden.

Es gibt Überreste der patriarchalischen Welt in unseren Sitten, so zum Beispiel die, daß die Frau den Namen des Mannes trägt. Psyche durchläuft eine derartige patriarchalische Erfahrung. Eros besteht darauf, daß sie keine Fragen stellt; sie stimmt dem zu, und sie sind zufrieden in ihrem Paradies.

Jeder unreife Eros errichtet Paradiese. Es ist kindlich, ein Mädchen zu entführen und ihr zu versprechen, daß sie von Stund an immer glücklich leben wird. Das ist dann Eros in seinem verschlagenen Zustand. Er will sein Paradies, aber er will keine Verantwortung. Etwas davon steckt in jedem Manne. Die weibliche Forderung nach Entwicklung – und die meiste Entwicklung kommt in den Mythen vom weiblichen Element her, entweder von der Frau oder von einem Tier – ist für einen Mann eine ziemlich schreckliche Sache. Er möchte sie so, als wäre sie ein Paradies. Aber alle Paradiese sind verdächtig. Sie funktionieren nämlich nicht gut. Eros' Kindlichkeit oder Jungenhaftigkeit (er ist ein sogenannter puer eternus) meldet diese Forderung an.

Man höre einmal Verliebten beim Paradiesbau zu. Es macht enormen Spaß, und es ist wunderbar. Jemand, der solchen Leuten zuhört, könnte sagen: «Kinder, schaut, so wird das überhaupt nicht gehen.» Aber sie würden gar nicht erst hinhören, sie leben ja in ihrem Paradies.

Es gibt etwas im Unbewußten des Mannes, das mit seiner Frau vereinbaren will, sie möge über ihn keine Fragen stellen. Die männliche Einstellung zur Ehe ist, daß man zwar danach strebt, sie jedoch keinen Ballast bedeuten darf. Er will die Freiheit haben, sie zu vergessen, wenn er woanders hinschielt. Für eine Frau ist es ein gewaltiger Schock, wenn sie das merkt. Für eine Frau bedeutet eine Ehe ein totales Engagement. Für einen Mann ist das nicht so. Ich erinnere mich an eine Frau, die mir erzählte, sie habe tagelang geheult, als sie entdeckte, daß im Leben ihres Mannes ihre Ehe nur ein Detail war, für sie war es das ganze Leben. Sie hatte ihren Mann in seinem Eros, in seiner paradiesbauenden Natur ertappt.

4

Kein Paradies funktioniert. Jedes Paradies beherbergt irgendeine Art von Schlange. Das gehört zur Natur des Paradieses. Es ist so angelegt, daß sich auch sein Gegenteil einstellen soll. Unser christliches Paradies vom Garten Eden hatte eine Schlange. Auch Psyches Paradies hat seine ernüchternden Elemente.

Es sieht so aus, als ob Psyches Schwestern, die ihren Verlust betrauert hatten – wenn auch nicht sonderlich schmerzvoll, was man merken konnte –, Wind davon bekommen hatten, daß Psyche jetzt in einem Paradies lebt und daß sie einen leibhaftigen Gott zum Ehemann hat. Ihre Eifersucht kennt keine Grenzen. Sie kommen zum Felsvorsprung, wo Psyche angekettet war, und rufen zu ihr in den Garten hinunter. Sie wünschen ihr alles Gute und erkundigen sich nach ihrem Befinden. Psyche erzählt das naiv ihrem Manne Eros. Er warnt sie immer und immer wieder vor der großen Gefahr, die ihr droht. Er malt ihr aus, daß ein großes Unheil eintreten würde, wenn sie ihren neugierigen Schwestern Aufmerksamkeit schenken würde. Und er erzählt ihr auch, worin das Unheil bestehen wird. Wenn Psyche weiterhin keine Frage stellt, wird das Kind (das sie jetzt bekommt) ein Gott sein; bricht sie hingegen ihren Schwur, keine Fragen an ihn zu richten, wird das Kind sterblich geboren und wird ein Mädchen sein. Und er, Eros, werde dann fortgehen. Psyche hört das und nimmt sich vor, keine weiteren Fragen mehr zu stellen.[1]

---

[1] Anm. d. Ü.: Man vergleiche diese Stelle mit der Weisung der Mutter an Parsifal, keine Fragen zu stellen.

Die Schwestern kommen nun dauernd wieder und rufen. Schließlich erhält Psyche von Eros die Erlaubnis, sie als Besucherinnen zu empfangen. Bald darauf werden die Schwestern von dem hohen Felsvorsprung vom Westwind nach unten getragen und sicher in den lieblichen Garten gebracht. Voller Bewunderung sind sie für alles; sie werden beköstigt und herumgeführt. Natürlich werden sie blaß vor Neid über das Glück der Schwester. Sie stellen viele Fragen. Die arme Psyche, auf derartige Verhöre nicht eingestellt, behauptet, ihr Mann sei noch sehr jung, mit erstem Bartflaum im Gesicht, er verbringe seine Zeit mit der Jagd. Sie überhäuft ihre Schwestern mit erlesenen Geschenken und schickt sie dann nach Hause zurück.

Eros ermahnt Psyche erneut, doch sie erlaubt ihren Schwestern die neuerliche Rückkehr. Sie hat jedoch vergessen, was sie ihnen früher erzählte. Diesmal berichtet sie ihnen, ihr Mann sei ein Mann in mittleren Jahren, mit ergrauendem Haar, der in der Öffentlichkeit eine gewisse Rolle spiele. Als die Schwestern gegangen sind, besprechen sie alles und schmieden einen bösen Plan.

Als sie zum drittenmal zu Besuch kommen, erzählen sie Psyche, ihr Mann sei in Wirklichkeit eine Schlange, eine gehässige Kreatur jedenfalls, und nach der Geburt des Kindes werde er sowohl sie als auch das Kind verschlingen.

Die beiden Schwestern schlagen nun einen Plan vor, um das zu verhindern. Sie weisen Psyche an, sich eine Lampe zu besorgen, sie in einen überdeckenden Behälter zu stellen und beides im Schlafgemach bereitzuhalten. Sie empfehlen ihr, das schärfste Messer, das sie auftreiben kann, zu nehmen und es neben sich auf der Couch aufzubewahren. Mitten in der Nacht, wenn ihr Mann fest schlafe, solle sie dann den Kopf dieser häßlichen Kreatur mit dem Messer abtrennen.

Psyche läßt sich überzeugen und bereitet alles vor: ein Licht, das inmitten der Nacht abgedeckt werden kann, ein Messer, das sie aufs schärfste wetzt.

Nach Einbruch der Dunkelheit kommt Eros auf das gemeinsame Lager und schläft an Psyches Seite ein. In der Nacht nimmt sie den Deckel von der Lampe, greift nach dem Messer, richtet sich über ihrem Mann auf und schaut ihn an. Zu ihrer größten Überraschung, Bestürzung und Schuld sieht sie, daß er ein Gott ist, der Gott der Liebe und das schönste Geschöpf des ganzen Olymp. Darüber ist sie so erregt und erschrocken, daß sie einen Augenblick daran denkt, sich zu töten. Sie greift nach dem Messer und läßt es dabei fallen. Zufällig sticht sie sich an einem von Eros Pfeilen und verliebt sich natürlich in ihn.

Sie stößt die Lampe um, und ein Tropfen vom Öl fällt auf Eros' rechte Schulter – er erwacht vom Schmerz des heißen Öls. Er sieht, was sich ereignet hat, und, da er Flügel hat, ergreift er die Flucht. Die arme Psyche klammert sich an ihn und wird von ihm ein kurzes Stück aus dem Paradies hinausgetragen. Aber bald fällt sie vor Erschöpfung und Verzweiflung auf die Erde. Eros kommt in ihrer Nähe nieder. Er wirft ihr vor, daß sie nicht gehorcht habe; sie hat ihr Gelöbnis gebrochen. Er wiederholt, wie er ihr schon früher eingeschärft hatte, daß ihr Kind nun sterblich geboren und daß er sie durch seine Abwesenheit strafen werde. Dann schwebt er davon.

Das ist ein Schicksal, wie es sich in ungezählten Ehen wiederholt und genauso abspielt. Was sagt uns diese archaische, poetische und mystische Sprache über Frauen und über ihre Beziehung zum Mann?

Die Schwestern sind diese nörgelnden Stimmen im Innern und oft auch draußen, in der äußeren Welt. Einmal stimmte ich das Spinett eines Freundes und konnte dabei nicht umhin, das Gespräch eines Kaffeeklatsches, der in der Küche nebenan stattfand, mitanzuhören. Ein paar Frauen animierten sich gegenseitig, ihre Ehen und ihre Männer zu kritisieren. Das waren die beiden Schwestern. Es ging mir so nahe, daß ich ruhig meine Sachen packte und fortging. Bei diesem giftelnden Gerede konnte ich nicht bleiben. Hier waren die neidischen Schwestern am Werk.

Es gibt dabei freilich auch eine positive Seite. Die Schwestern regen Psyche zum Bewußtsein an, Eros so zu erkennen, wie er in Wirklichkeit ist. Aber zu welch hohen Kosten wird dieses Bewußtsein erworben! Es bedeutet nichts anderes, als die alte Ordnung umzustoßen. Für Bewußtwerdung sind wir geneigt, Kosten zu übernehmen, die eines Prometheus würdig sind.

Persönlich bin ich recht erschrocken über die Schwesternqualität in einer Frau, aber auf ihre Art ist sie auch wieder nützlich und wesentlich. Das heißt nicht, daß man nur deshalb bewußter wird, weil und wenn die nörgelnden Schwestern auftauchen. Man kann an diesem Punkt auch stehenbleiben und nicht weitergehen. An jedem Punkt kann man praktisch hängenbleiben. So gibt es zum Beispiel Frauen, die für den Rest ihres Lebens an den Berg des Todes gekettet bleiben. Ihre Beziehung zu Männern ist dann geprägt vom Bild erschreckender Boten des Todes.

Einige Frauen erleben die Liebe als einen verschlingenden Drachen, und in diesem Fall sprechen «die Schwestern» die Wahrheit. Neumann bemerkt dazu, daß Psyche vom Tod verschlungen wurde. Eros kommt, und, schön wie er ist, ist er der Tod für sie. Alle Ehemänner sind der Tod für ihre Frauen, indem sie sie als Jungfrauen zerstören und sie in eine Entwicklung zu reifer Weiblichkeit zwingen. Es ist paradox, aber ist man nicht gleichzeitig böse und dankbar gegenüber einer Person, die einen auf diesen Entwicklungsweg bringt? Das Orakel hatte recht gehabt. Der Mann ist der Tod für die Frau in einem archetypischen Sinne. Wenn ein Mann bei seiner Frau einen verzweifelten Gesichtsausdruck entdeckt, ist er gut beraten, lieb und vorsichtig zu sein; es kann sein, daß sie gerade die Erfahrung macht, daß sie als Jungfrau ein wenig stirbt. Wenn er das versteht, kann er es ihr in diesem Augenblick etwas leichter machen.

Gewöhnlich versteht ein Mann diese Wiederauferstehung des Todes in einer Frau nicht, da er aus seinem eigenen Leben nichts Vergleichbares kennt. Für einen Mann ist die Ehe keine sakramentale Angelegenheit, für die Frau aber ist dies das Hauptmerkmal. Eines Tages blickt sie ihren Mann mit Schrecken an, weil sie erkennt, daß sie gefangen ist und in einer Falle sitzt, abhängig von seinen Gnaden. Hat sie Kinder mit ihrem Mann, so ist sie um so gebundener.

In Wahrheit geht eine Frau durch eine verwirrende Vielzahl von Beziehungen zu ihrem Mann. Er ist für sie der Gott der Liebe und der Tod auf der Bergspitze. Er ist der Unbekannte im Paradies, und er ist zugleich der Zensor, wenn sie Bewußtsein erlangen will; und schließlich ist er der Gott der Liebe auf dem Gipfel des Olymp, wenn und soweit sie ihre eigene Göttlichkeit erlangt. Für einen Mann ist das alles schlechthin verwirrend. Wen wundert es da, wenn so mancher Mann etwas zögernd an der Tür herumspäht, wenn er heimkommt, um zu sehen, welche Rolle ihn heute wieder erwartet. Fügt man dann noch seine eigene anima-Verstrickung hinzu, so hat man eine komplizierte, aber schöne Geschichte.

Die Schwestern sind jedenfalls auch der Entwicklungsdrang aus einer unerwarteten Quelle. Sie können Psyches Schatten sein. Jung beschrieb die Schattenseiten im Menschen als die unterdrückten und unausgelebten Elemente der vollen Möglichkeiten im Menschen. Geht man zu wenig auf sie ein, entwickelt man sie nicht hinreichend, so bleiben diese ungelebten und unterdrückten Qualitäten archaisch, oder sie werden dunkel und bedrohlich. Diese potentiellen Quellen des Guten und des Bösen, obwohl (oder gerade weil) unterdrückt, verharren im Unbewußten, wo sie Energie aufladen, bis sie dann willkürlich und unberechenbar in unser bewußtes Leben einbrechen, gerade so, wie die Schwestern in Psyches Leben traten.

Wenn wir uns im Bewußtsein nur lieb und nett sehen, wie Psyche es offensichtlich tat, übersehen wir die dunklen Seiten, und es kann dazu kommen, daß sie uns aus unserem selbstzufriedenen, naiven Paradies vertreiben auf den Weg zu neuen Erfahrungen über unsere wahren Abgründe.

Jung sagt, der Zwang zu einer weiteren Entwicklung im Bewußtsein komme oft aus dem Schatten. So können die Schwestern, diese weniger lieblichen, weniger vollkommenen Vertreterinnen der gewöhnlichen, bodenständigen Weiblichkeit, im Mythos von Amor und Psyche Elemente des Schattens sein.[1]

---

[1] C.S. Lewis behandelt diesen Aspekt des Mythos von Amor und Psyche – Psyches naive Identifizierung mit ihrer eigenen Lieblichkeit und die weniger liebevolle Reaktion ihrer Schwestern darauf – in seinem Buch «Till we have faces».

5

So gut er konnte, hat sich Eros bemüht, Psyche unbewußt zu lassen. Dafür versprach er ihr das Paradies; sie sollte ihn nicht anschauen. So versuchte er, sie zu führen und zu beherrschen. Normalerweise lebt eine Frau in ihrem Leben einige Zeit unter der Herrschaft ihres Mannes, des Mannes oder Gottes in in ihr, des animus. Ihr eigener innerer Eros läßt sie, ohne daß sie sich dessen bewußt wird, in einem Paradies sein. Sie darf keine Fragen stellen, sie darf keine wirkliche Beziehung mit ihm haben. Seiner verborgenen Herrschaft ist sie völlig ausgeliefert.

Es ist eines der größten Dramen im Innenleben einer Frau, wenn sie die Herrschaft des animus in Frage stellt. Wenn sie zu sich sagt: «Ich will dich ansehen.» Und wenn sie hinsieht, sieht sie einen Gott oder Archetyp – und dabei stürzt sie in eine Einsamkeit, die fast unerträglich ist. Deshalb dauert die scheinbare Gleichgewichtslage, die Beherrschung, die Zeit im Paradies, so lange an. Eine Frau weiß intuitiv, daß für sie die höllischste Art von Einsamkeit anbricht, wenn sie diesen Zustand der Beherrschung durch den animus abbricht.

Viele Frauen erleben die Herrschaft des animus über sich, aber sie nehmen es nicht wahr. Ich erinnere mich an eine Frau, die mich besuchte und die mir einen Traum erzählte, in dem sie irgend etwas gemacht hatte, was für sie wertvoll war. Im Traum sagte die animus-Figur zu ihr: «Gib es mir!» – und sie tat es. Als ich das hörte, fuhr ich auf; ich sagte zu ihr: «Gehen Sie zurück, wiederholen Sie gleichsam den Traum und sagen Sie ihm, daß er es *nicht* bekommt.»

Das Messer steht für die zerstörerische Eigenschaft einer Frau, den Mann mit einem Wortschwall zu kreuzigen, ihn mit einer zerstörerischen Bemerkung zu verletzen. Das kann jedoch die männliche anima auch, wenn er eine schwache Beziehung zu seiner weiblichen Seite hat. Sie ist schneidend und sarkastisch, mit dem Messer in der Hand kommt sie an. Unser Gebot, die Lampe zu benutzen und nicht das Messer, gilt ebenso für die innere anima des Mannes wie für die äußere Seite der Frau.

Was bedeutet die Lampe und wofür steht sie? Sie enthüllte, daß Eros ein Gott war. Eine Frau hat die Möglichkeit, den Wert ihres Mannes mit der Lampe ihres Bewußtseins zu erblicken. Ein Mann weiß bestenfalls, wer er ist, und er weiß, daß er ein gutes, wunderbares Wesen irgendwo in sich hat. Macht aber die Frau das Licht an, und sieht sie den Gott in ihm, ist er aufgerufen, dieser Erwartung auch zu entsprechen. Stark muß er dabei in seinem Bewußtsein sein. Natürlich zittert er. Dennoch scheint er die weibliche Bestätigung seines Wertes zu brauchen. Männern passieren schreckliche Dinge, wenn sie der Gegenwart von Frauen beraubt sind, denn anscheinend ist es die Gegenwart von Frauen, die sie immer wieder an das Beste in ihnen erinnern.

Während des Zweiten Weltkrieges waren auf den Aleuten isolierte Gruppen von Männern stationiert. Sie konnten nicht richtig betreut werden, weil es Transportprobleme gab. Die Truppenbetreuung kam nicht in ihre Nähe. Mehr als die Hälfte dieser Männer erlitten Nervenzusammenbrüche. Sie rasierten sich nicht mehr, sie schnitten sich nicht die Haare, ihre Moral brach völlig zusammen. Vielleicht lag es daran, daß es keine Frau gab, keine Psyche, die Eros anblickte, um diese Männer an ihren Wert zu erinnern.

Wenn ein Mann etwas entmutigt ist, braucht eine Frau ihn

nur anzusehen, um ihm sein Selbstwertgefühl wiederzugeben. In der Seele des Mannes scheint hier ein eigenartiger leerer Fleck zu sein. Die meisten Männer gewinnen ihre tiefste Überzeugung von ihrem eigenen Wert durch eine Frau, ihre Ehefrau oder ihre Mutter oder – wenn sie ein sehr tiefes Bewußtsein haben, aus ihrer eigenen anima. Eine Frau sieht und zeigt dem Manne ihren Wert, indem sie mit der Lampe leuchtet.

Ich wohnte einmal einem Familienstreit bei, in dem die Frau ungestüm ein Messer führte. Weit unten auf der Liste der Anwürfe gegen ihren Mann war der Vorwurf zu hören, daß er vom Büro zu spät nach Hause gekommen war. Er sagte: «Verstehst du denn nicht, ich würde am liebsten überhaupt nicht ins Büro gehen, wenn es nicht deinetwegen wäre. Ich mag das Büro nicht. Aber ich arbeite für dich.» In dieser Ehe gab es plötzlich eine neue Dimension. Die Frau hätte das eher sehen können, hätte sie die Lampe genommen und nachgeschaut.

Was das Licht angeht, so ist ein Mann in der Familie weitgehend von der Frau abhängig; für sich allein kann er meist nur recht schlecht die Sinnfrage lösen. Trocken und unfruchtbar bleibt das Leben oft für ihn, wenn diesem Leben nicht jemand Sinn verleiht. Mit wenigen Worten kann eine Frau den Kämpfen eines einzigen Tages Sinn verleihen, und ein Mann wird dafür sehr dankbar sein. Ein Mann kennt das, und er will es auch. Er will das erreichen: er arrangiert kleine Anlässe, so daß die Frau etwas Licht für ihn leuchten lassen kann. Wenn er nach Hause kommt und die Ereignisse des Tages erzählt, dann bittet er sie, ihnen Sinn zu verleihen. Das ist ein Teil der lichtspendenden Eigenschaft einer Frau.

Die Berührung durch das Licht oder eine Anerkennung ist eine feurige Angelegenheit. Oft läßt es einen Mann gewahr werden, warum er das Feminine so stark fürchtet. Eine Frau oder seine eigene anima führen einen Mann hingegen oft zu einem neuen Bewußtsein. Fast immer ist es die Frau, die sagt, laß uns jetzt hinsetzen und darüber sprechen, wo wir eigentlich sind. Ein Mann spricht das von sich aus nicht so oft aus. Auf die eine oder die andere Weise ist die Frau für ihn Träger der Entwicklung. Manchmal leuchtet sie ihm auch in eine neue Art der Beziehung. Der Mann ist dann erschrokken, aber über das Fehlen dieser Qualität ist er genauso bestürzt. In Wirklichkeit schätzt ein Mann eine Frau, die eine Lampe trägt, außerordentlich. Er hängt vom femininen Licht weit stärker ab, als die meisten Männer zuzugeben bereit sind.

Öl verkörpert eine weibliche Eigenschaft. Ich erinnere mich an ein Gespräch, in dem es um alte Lampen ging, die noch mit Gemüseöl und Moosdochten betrieben wurden. Das Olivenöl ist besonders feminin. Und schließlich gibt es ja auch den Spruch: das Öl nährt das Licht, aber – es verbrennt auch Eros.

Weibliches Licht ist ungewöhnlich schön. Es gibt nichts Edleres als das Licht, das eine Frau weitergibt. Es ist ein alter jüdischer Brauch, daß die Frau die Sabbat-Leuchten am Freitag abend anzündet. Man möchte meinen, es sei der Mann, aber – es ist die Frau. *Sie* beginnt den Sabbat, *sie* sorgt für Licht.

Das Symbol der Lampe weist auf die lichttragende Eigenschaft der Frau hin. In den Eleusischen Mysterien tragen Frauen oft Fackeln, die eine besondere feminine Art des Lichtes verbreiten. Eine Fackel erleuchtet milde die unmittelbare Umgebung, zeigt den praktischen nächsten Schritt, der unternommen werden muß. Das ist etwas anderes als das kosmische maskuline Licht der Sonne, das so viel beleuchtet, daß man oft überwältigt ist unter dem Eindruck des unmittelbar Erlebten. Andererseits haben Frauen auch das Messer in ihrer Hand, das verwunden oder töten kann. Der Mann ist durch beides gefährdet.

Nur wenige Frauen verstehen, wie groß der Hunger in einem Manne nach femininer Nähe ist. Für eine Frau sollte das keine Last bedeuten. Sie braucht keineswegs ihr ganzes Leben lang Weiblichkeit zu verbreiten. Denn wenn ein Mann seine eigene innere Feminität entdeckt hat und wenn er zu ihr in eine gute Beziehung tritt, dann ist er nicht mehr so stark auf die äußere Frau angewiesen, die das sonst für ihn vermittelt.

Will eine Frau einem Mann ein ganz besonders wertvolles Geschenk machen, will sie wirklich diesen größten maskulinen Hunger stillen (ein Hunger, der selten gezeigt wird, der aber immer da ist), dann müßte sie sehr, sehr feminin sein, wenn ihr Mann Launen verfallen ist. So kann er dann beginnen, sich wieder aufzurichten, und kann wieder ein Mann sein.

6

Nun beginnt der heikelste, aber auch der lehrreichste Teil des Mythos. Zuerst schnitt sich Eros mit seinen eigenen Liebespfeilen in den Finger und verliebte sich geradewegs in Psyche. Das geschieht in einer Weise, die die ganze Angelegenheit ebenso verdreht wie erhellt. Eros wurde fortgeschickt, damit Psyche sich in ein Untier, den Tod höchstpersönlich, verlieben sollte, diesem hinterlistigsten aller Tiere. Statt dessen stach er sich mit einem seiner eigenen Pfeile in den Finger und verliebte sich in Psyche. – Dann nahm sie die Lampe, um ihren Mann, von dem sie annahm, er sei ein Dämon, anzuschauen, und sah, daß er der Gott der Liebe war. Dann schnitt sie sich zufällig mit einem von Eros Pfeilen in den Finger und verliebte sich daraufhin in den Gott der Liebe. Das ist äußerst seltsam: Psyche verliebt sich in die Liebe. Die Eigenschaft, verliebt zu sein, ist eine übermenschliche Eigenschaft, die die Menschheit noch gar nicht verkraften kann. Ergreift sie von einem Besitz, wird man in Bereiche mitgerissen, die wie Rauch sind, zu höheren Bewußtseinslagen, die meist ausnahmslos jenseits der Lebensmöglichkeiten eines Menschen liegen.

Wir müssen zwischen Lieben und Verliebtsein unterscheiden. Diese beiden Begriffe zu erläutern, erfordert einigen Mut.

Einen Menschen zu lieben bedeutet, diesen Menschen aufrichtig zu sehen und ihn zu schätzen als das, was er wirklich ist: seine Gewöhnlichkeit, seine Schwächen und seine Großartigkeit. Wann immer man den Nebel der Projektionen durchstoßen kann, in dem man so lange Zeit seines Lebens verbringt, und wenn man einem Menschen aufrichtig begegnen kann, stellt sich heraus, daß dieser Mensch in seiner gewachsenen Individualität ein wunderbares Geschöpf ist. Das Problem liegt darin, daß es so viele Menschen gibt und daß wir durch unsere eigenen Projektionen so verblendet sind, daß wir uns gegenseitig kaum klar in aller Tiefe und Noblesse sehen.

Einmal machte ich ein Experiment: Ich stellte mir vor, daß alle Menschen auf der Erde tot seien außer mir und einem anderen Menschen. Ich trat hinaus auf den Bürgersteig, um nachzusehen, ob ich diese zweite Person würde finden können, um zu sehen, wie diese zweite Person aussehen und wie ich ihr gegenübertreten würde. Ich fand sie. Während eines kurzen Augenblicks erlebte ich das Wunder, was ein anderer Mensch sein kann. Es gab nur diesen einzigen, nur ihn gab es, und dieser eine wurde unendlich wertvoll. Ein Wunder, wirklich.

Die Liebe ist so etwas Ähnliches. Sie sieht einen anderen Menschen seiner gewordenen, praktischen, unmittelbaren Erfahrung wegen, die der Mensch darstellt. Liebe ist keine Illusion. Es bedeutet nicht, einen anderen in einer bestimmten Rolle oder in einem bestimmten Licht zu sehen, die *wir* ihm zugedacht haben. Lieben bedeutet vielmehr, einen anderen Menschen wegen seiner persönlichen Einmaligkeit zu schätzen, mitten in einer gewöhnlichen Welt. Das ist dauerhaft, das hält. Es ist real. Wenn mir vor 10 oder 15 Jahren jemand gesagt hätte, ich würde Liebe mit Dauerhaftigkeit gleichsetzen, wäre ich bestürzt und böse gewesen. Vermutlich ist das eine Weisheit, die man erst in der Lebensmitte gewinnt.

Verliebt sein ist etwas ganz anderes. Verliebt zu sein ist das Eindringen – im Guten wie im Schlechten – in eine archetypische, überpersönliche oder gar göttliche Welt. Plötzlich sieht man in seinem geliebten Partner einen Gott oder eine Göttin. Durch ihn sieht man in eine über diese Person hinausragende, unbewußte Seinsweise. Das geschieht explosiv, entflammt, eine göttliche Verrücktheit. Dichter erzählen davon in überschwenglichen Worten.[1]

Beobachtet man Verliebte, wie sie sich ansehen, weiß man, daß sie jeweils durch den anderen hindurchschauen. Jeder ist in eine Idee verliebt oder in ein Ideal oder in ein Gefühl. Sie sind in die Liebe verliebt. Die Frauen sind dann Psyche, und sie sehen Eros dann eher in seiner Eigenschaft als Gott der Liebe denn als eine Person, die sie kennen und die sie um ihretwillen lieben.

Das Schlimmste am Verliebtsein ist, daß es nicht dauerhaft ist; es hält nicht vor. Eines Tages kommt einem die glänzende Vision des geliebten Partners, der früher einmal mit derartiger Schönheit vor den eigenen Augen tanzte, schlicht und langweilig vor. Die transpersonale, gottähnliche Eigenschaft schwächt sich ab, und der persönliche, einfache, gewöhnliche Mensch kommt zum Vorschein. Das ist eine der traurigsten und schmerzlichsten Erfahrungen im Leben. Ist man verliebt, erblickt man etwas Göttliches. Ein Gott oder eine Göttin mit dem Angesicht des Irdischen – das paßt gar nicht in menschliche Dimensionen hinein.

Was meint der Mythos hier? Der Gott der Liebe selbst, Eros, wird durch einen seiner Pfeile verletzt, und er verliebt sich in eine Sterbliche. Offensichtlich können Götter das, und sie

---

[1] Anm. d. Ü.: Im Englischen drückt das Gerundium diesen feinen Unterschied aus, der in der deutschen Sprache so nicht wahrgenommen wird: Loving bedeutet Beständigkeit, to fall in love den eher kurzen und gleichzeitig unbegreiflichen Zustand des Ver-liebtseins, also eigentlich einen gegenüber dem beständigen Lieben verdrehten Zustand, wenn wir dem allgemeinen Sprachgebrauch der Vorsilbe ver- folgen.

werden damit auch fertig. Es ist nicht zu schwer für den Gott der Liebe, der Erfahrung der Liebe ausgesetzt zu sein. Schließlich ist das seine Natur.

Doch selbst die Bewohner des Olymps haben Angst vor Eros. Seine Pfeile lassen gar die höchsten Götter und Göttinnen in Panik geraten. Auch sie sind verletzlich, und schließlich weiß der Gott der Liebe, was es heißt, verliebt zu sein.

Wird jedoch ein Sterblicher plötzlich durch einen dieser tödlichen Liebespfeile getroffen und verliebt sich, so ist das ernst. Man hat gesagt, Psyches kurzer Blick auf Eros sei der erste Fall in der Geschichte, in der ein Sterblicher je einen Gott oder eine Göttin traf und – überlebte. Vorher war es immer so gewesen, daß ein Sterblicher zu Asche wurde, wenn er mit einem Gott oder mit einer Göttin zusammentraf. Durch die Macht einer solchen Begegnung wurde er ausgelöscht.

In die Sprache der Psychologie übersetzt kann man sagen, daß vor diesem Zeitpunkt in der Menschheitsentwicklung ein Mann oder eine Frau einfach vertilgt wurden, wenn sie einen Archetypus berührten. Der Mythos hingegen will uns sagen, daß in Zukunft unter bestimmten Umständen ein Sterblicher überleben kann, wenn er eine archetypische Erfahrung macht. Aber verwandelt wird er durch sie, durch und durch. Ich glaube, das ist es, was uns die Geschichte nahebringen will. Ein Sterblicher gerät an so etwas wie eine unsterbliche Dimension; und er lebt weiter, um davon zu berichten. In diesem Zusammenhang erkennt man, was es bedeuten kann, durch die Pfeile Amors getroffen und in den Zustand des Verliebtseins versetzt zu werden.

Im Orient verlieben sich die Leute nicht so, wie es die Menschen in der westlichen Welt tun. Sie nähern sich der Liebe ruhig, undramatisch und ungetroffen von Eros' Pfeilen. Ehen werden gestiftet. Gewöhnlich sieht der Mann seine Braut erst, nachdem die Feierlichkeiten vorbei sind und der Schleier von ihr genommen wird. Dann nimmt er sie mit nach Hause und vollzieht die vorgeschriebenen Rituale für eine Frischangetraute an seiner Braut.

Meine Gefühle als «westlicher» Mensch wurden vor einiger Zeit angerührt, als ich den Brief eines zwanzigjährigen Inders erhielt, den ich nicht besonders gut kenne, mit dem ich jedoch korrespondierte. Er war zu der Überzeugung gekommen, ich sei der richtige Mann für seine achtzehnjährige Schwester. Er wollte nun wissen, ob ich seinem Plan, sie zu heiraten, zustimmen würde. Was sie als Mitgift mitzubringen hätte, darüber könne man ja noch sprechen. Den ganzen Tag fühlte ich mich wie auf einer Wolke dahinschwebend. Ohne eigene Anstrengung, ohne mich selbst zu verlieben, konnte ich eine Braut bekommen, und eine achtzehnjährige noch dazu. Das waren verdammt viele seelische Streicheleinheiten. Doch dann schrieb ich ihm zurück, es ginge nicht, ich sei doch für seine Schwester schon viel zu alt.

Unser Mythos – Amor und Psyche – handelt von einer Frau, die von etwas weit Größerem als von einer bloßen menschlichen Erfahrung berührt wurde. Der weitere Mythos berichtet davon, wie man eine solche göttliche Berührung überleben kann.

7

Zu einer bestimmten Zeit griff die Erfahrung unter den Menschen um sich, von den Göttern berührt worden zu sein. Wir modernen Menschen freilich haben der Religion eine relative Nebenbedeutung in unserem Leben eingeräumt. Wir nehmen sie auf die leichte Schulter und verweisen auf den Sonntag, wenn wir sie überhaupt beachten. Man hört kaum noch von einem Menschen, daß er zutiefst von einem religiösen Erlebnis betroffen ist. Kalte Füße hat die Religion in unserer westlichen Kultur bekommen, und wir glauben, wir seien zu intelligent für so etwas. Sogar die Menschen, die sich an traditionelle religiöse Formen halten, werden durch sie meist nicht sonderlich bewegt. Sie werden nicht durch eine tiefgreifende, erschütternde Art in ihrem seelischen Leben durch sie getroffen.

Ich meine, diese tiefe Begegnung, vom Glanz und von der Kraft eines Gottes berührt zu werden, hat unsere Art, sich nach unseren besonderen westlichen Begriffen zu ver-lieben, geprägt. *Da* sind wir plötzlich berührt.

Der Mythos lehrt uns, daß Psyche die Lampe anzündet und entdeckt, daß sie in Wirklichkeit mit einem Gott verheiratet ist. Sie ritzt ihren Finger an einem seiner Pfeile und verliebt sich in ihn. Und fast gleich darauf verliert sie ihn. Wie oft erleben Menschen das, wenn sie in sich gegenseitig die Göttlichkeit sehen, wenn sie sich ver-lieben.

Lieben bedeutet, mit einem anderen Menschen enge Bindungen zu haben, sich verbunden fühlen, mit dem anderen verschmelzen. In einen Menschen verliebt sein, heißt, durch ihn hindurchschauen und damit diesen Menschen unwiderruflich verlieren. Das ist nun eine schlechte Botschaft. Wir mögen das nicht, und nur selten verstehen wir, was es bedeutet.

Betrachtet man die Göttlichkeit eines anderen Menschen, so sieht man die wunderbaren, über die Person hinausführenden Bereiche, die er in sich trägt. Das entrückt ihn – wie wir das nennen – seines ihn umgebenden Umfeldes, es sei denn, er hat dabei auch seine eigene Göttlichkeit entdeckt, die sehr kostbar ist.[1] Deshalb tut Verliebtsein so weh. Es sieht so aus, als gäbe es da ein eingebautes Paradoxon, daß nämlich in dem Augenblick, in dem jemand sich in einen anderen Menschen verliebt, er dessen äußerste Einmaligkeit annehmen muß und damit auch die Ferne zu ihm. In einer derartigen Lage werden wir uns der Unmöglichkeit einer Beziehung schmerzlich bewußt. Da gibt es denn auch dieses schreckliche Minderwertigkeitsgefühl, das eine Frau befällt, wenn sie die Lampe anzündet und entdeckt, daß ihr Gefährte, von dem sie glaubte, er sei nur ein Sterblicher, in Wahrheit ein Gott ist. Es ist ein umwerfendes, sehr einsames Gefühl.

Dennoch ist der Vorgang, durch Verliebtsein in Stücke gerissen zu werden, zugleich die Möglichkeit, geheilt zu werden. Wenn man die Kraft und den Mut dazu hat, kann aus dieser Zerstückelung ein neues Bewußtsein der eigenen Einmaligkeit und des eigenen Wertes, des Selbst-Wertes, entstehen. Das ist ein sehr schwieriger Weg, aber für einige Temperamente gibt es offenbar keinen anderen. Der beste Weg, das Dilemma zu lösen, ist, völlig still zu verharren, und das tut

---

[1] Anm. d. Ü.: Was Johnson hier meint: von Gott berührt sein und sich von daher auch Gott nahe fühlen, darf auf keinen Fall verwechselt werden mit einer äußeren Gottähnlichkeit und allen daraus folgenden vermessenen Ansprüchen.

Psyche denn auch. Als sie ihre selbstmörderischen Gefühle überwunden hat, sitzt sie still da. Wenn man geistig völlig verwirrt ist, wenn man total aus der Bahn geworfen wurde, ist es am besten, sich ganz ruhig zu verhalten. Das kann man jungen Menschen nicht klarmachen, es geht einfach nicht. Es ist eine Weisheit, die wir selten vor unseren reifen Jahren vernehmen und annehmen.
Einmal mußte ich in einer ziemlich blöden Situation vermittelnd eingreifen. Zwei Menschen hatten sich ineinander verliebt, und in ihrem näheren sozialen Umfeld gab es allerhand Kleinholz. Das heißt, es gab Krach mit diesem und jenem. Mein Rat war, sie sich selbst zu überlassen, ihnen keine Verbote aufzuerlegen, und sie würden ihr Gleichgewicht finden. Sie fanden es tatsächlich. Das ist in den Zustand des Verliebtseins eingeschlossen. Es muß seine Grenzen und sein Schicksal haben. Tragödie bedeutet, daß man eine Vision hat, die nicht Wirklichkeit werden kann. Philosophen und Dichter sprechen immer wieder davon, daß Verliebtsein eine tragische Situation ist. Ich spreche hier nicht über die Liebe. Jemanden zu lieben bedeutet, wie schon gesagt, Wärme, es führt zusammen, und das ist machbar. Demgegenüber ist das Ver-liebtsein, der plötzliche Anblick der Göttlichkeit eines anderen Menschen, unwirklich und nicht in die menschliche Wirklichkeit umzusetzen.
Verliebtsein kann in Liebe verwandelt werden. In einer erfolgreichen Ehe gelingt das. Eine Ehe beginnt meist mit dem Verliebtsein und führt dann auf hoffnungsvolle Weise zur Liebe. Und in gewisser Weise dreht sich unsere Geschichte nur darum. Sie beginnt als die Geschichte der Unvereinbarkeit zwischen einer Sterblichen und einem Gott, also zwischen zwei Ebenen des Seins, zwischen dem Menschsein und einer über-menschlichen Qualität. Wir sehnen uns zwar

nach dieser über-menschlichen Qualität und sind dann erstaunt, daß wir ihr nicht gewachsen sind. Es ist menschlich unmöglich, den Zustand der Verliebtheit längere Zeit aufrechtzuerhalten. Ich kann mich an eine Karikatur von James Thurber erinnern, in der ein Ehepaar mittleren Alters herumstreitet und er ihr nachschreit: «Na, wer hat denn nun den Glanz von unserer Ehe genommen?»

Wenn man von einem Gott oder von einer Göttin berührt wurde, was kann man dann tun? In unserer Kultur blieb diese Frage weithin unbeantwortet. Die meisten Menschen erleiden und ertragen das Hinschwinden des gottähnlichen Glanzes ihres Geliebten, richten sich in der Öde ihrer mittleren Lebensjahre ein und glauben, ihre Vision von einer übermenschlichen Eigenschaft des Partners sei ohnehin eine Narretei gewesen. Die weibliche Alternative zu diesem selbstzerstörerischen und depressiven Ende der Verliebtheit beschäftigt uns für den Rest unserer Erzählung von Amor und Psyche.

Psyche nämlich fällt in ihre ganz elementare Weiblichkeit zurück. Sie kramt ihre Aphrodite hervor und bekommt Aufgaben gestellt, die Entwicklungsstufen ihrer inneren Reife darstellen. An deren Ende wird sie selbst zur Göttin berufen und kommt in den Olymp. Sie wird mit Eros vermählt und bringt nun ihr Kind zur Welt. Das ist die edelste Form, auf die ach so verworrenen Fragen unserer Gesellschaft zu antworten.

Von einer von Gott ausgehenden Erfahrung berührt zu werden bedeutet, sich zu öffnen und ein gottähnliches Bewußtsein zu entwickeln. Gottähnlich ist hier im griechischen, im olympischen Sinne gemeint. Die Griechen nannten Archetypen Götter, was weit angemessener und poetischer ist als unsere heutigen, modernen Begriffe. Es ist sowohl schön als auch intelligent, von Gott und Göttin, von Eros und Psyche zu sprechen als von den großen Archetypen, die in uns walten, wenn wir verliebt sind. Hat uns diese Macht erst einmal gepackt, können wir nie mehr zu einfachen, sorglosen, unbewußten Möglichkeiten zurückkehren. Fast immer rührt beim heutigen Menschen dieser Anstoß daher, daß wir uns in einen anderen Menschen verlieben. Die Geschichte lehrt uns viele Arten, wie Menschen durch etwas berührt wurden, was größer ist als wir selbst. Für unsere Zeit ist Eros ein Hauptvermittler zwischen uns und der Macht Gottes.

8

Wenn wir weiter in den Mythos eindringen, erinnern wir uns noch einmal daran, daß Psyche ihren Mann Eros verwundete. Er flüchtet zu Aphrodite und taucht erst am Ende der Erzählung wieder auf. Er geht heim zur Mutter. Das ist genau das, was jeder Mann tut, wenn ihn seine Frau im Bewußtsein verletzt. Er nimmt Zuflucht bei seinem Mutter-Komplex. Er braucht nicht physisch wirklich heimzugehen, aber er zieht sich in seine Mutterbindung zurück und verschwindet eine Zeitlang von der Bildfläche. Wenn ein Mann plötzlich verstummt, nicht funktioniert und nicht ansprechbar ist, dann ist er möglicherweise zur Mutter heimgegangen, und Aphrodite herrscht jetzt.

Betrachten wir andererseits Eros als den animus der Frau, so kann man vielleicht sagen, daß Eros seine Frau Psyche in einem Zustand unbewußter animus-Besetzung im Paradies gehalten hat, bis sie die Lampe des Bewußtseins anzündete und er dann, als animus, in ihre innere Welt zurückgeflogen ist.

Jung sagt, daß die anima und der animus recht wirkungsvolle Mittler in uns sind zwischen den bewußten und den unbewußten Schichten unserer Persönlichkeit. Als Eros in die innere Welt Aphrodites zurückkehrt, kann er Psyche mit Aphrodite, Zeus und den anderen Göttern und Göttinnen der inneren archetypischen Welt versöhnen. Wie wir sehen werden, kann er Psyche in kritischen Zeiten für ihre weitere Entwicklung Hilfe zukommen lassen, indem er sich natürlicher irdischer Elemente wie der Enten, des Adlers und der Schilfhalme bedient.

Man könnte sagen, daß eine Frau zu ihrer Entwicklung die unbewußte Herrschaft ihrer untergeordneten, größtenteils unbewußten männlichen Komponente brechen muß, die oft genug ihre Beziehungen zur äußeren Welt negativ diktiert. Damit sie sich entwickeln kann, muß der animus als solcher bewußt erkannt werden und eine Stellung zwischen dem bewußten Ego und ihrer unbewußten Innenwelt einnehmen. Dort kann er als Mittler für sie eine wesentliche Hilfe sein.

Eine Frau ist sich im Stadium ihrer Animusbesetzung ihres animus nicht im geringsten bewußt. Sie nimmt vielmehr an, daß ihr vom animus herrührendes Verhalten ihr eigenes, vom ego her bestimmtes Verhalten sei. Tatsächlich wird in solchen Fällen aber ihr ego von ihrem animus übernommen. Zündet eine Frau jedoch die Lampe ihres Bewußtseins an, sieht sie ihren animus ganz richtig von ihrem ego getrennt. Ähnlich wie Psyche ist sie zunächst überwältigt. Der animus erscheint ihr mächtig und gottähnlich und ihr bewußtes ego selbst vergleichsweise wertlos und hilflos. Das ist für eine Frau ein verzweifelter und gefährlicher Augenblick. Aber es bedeutet nicht das Ende. Nachdem sie durch den Schock, ihren furchteinflößenden animus zum erstenmal richtig wahrgenommen zu haben, hindurchgegangen ist und von ihrer eigenen vergleichsweisen Wertlosigkeit überwältigt wurde, ist sie dann auch überwältigt von seiner Größe. Wenn man sieht, daß man ein gottähnliches Gebilde in sich trägt, ist das Ergebnis eine beglückende Reaktion, ein Spitzenerlebnis, ähnlich dem, wenn man sich verliebt.

Als Psyche zur Lampe griff und sie hochhielt, erwartete sie ein Tier zu sehen. Tatsächlich aber sah sie einen Gott. Für Frauen ist der Mann häufig entweder ein Gott oder ein Tier. Mit etwas Mut erlaube ich mir festzustellen, daß man wirklich einen Gott oder eine Göttin erblickt, wenn man das Licht auf einen anderen Menschen wirft. Ich kenne keine bessere Bestätigung, die man erhalten kann, als gesagt zu bekommen, wenn man seinen oder ihren Partner anschaue, einen Gott oder eine Göttin zu erblicken. Das trifft genau so zu, wenn eine Frau ihren animus endlich bewußt sehen kann, ihren inneren Eros. Sie findet, jetzt sei er gottähnlich. Dieses Erlebnis der Psyche ist in einigen Zügen vergleichbar mit Parsifals erstem Erblicken der Gralsburg. Parsifal erblickte eine Welt jenseits aller Vorstellungskraft, aber er kann dort nicht verweilen. Gleichermaßen verliert Psyche ihren Eros fast unmittelbar nachdem sie seiner wirklichen Natur und seinem wunderbaren Wesen als Gott gewahr wurde.

Als Eros fortgeflogen ist, will sich Psyche in ihrer Niedergeschlagenheit unmittelbar in einen Fluß stürzen. Bei jeder auftauchenden Schwierigkeit will sich Psyche töten. Weist das nicht auf eine gewisse Art von Selbstaufopferung, das Opfern eines Bewußtseinsniveaus für ein anderes, hin? Die meisten Menschen stößt das ab; aber es ist wichtig. Finden wir zu dieser archetypischen Erfahrung zurück, so können wir davon auch profitieren. Macht eine Frau eine archetypische Erfahrung, wird sie davon niedergeschmettert. Ein Mann verliert den Kontakt mit seiner Gralsburg und verbringt oft viele Jahre damit, sie zurückzugewinnen. Eine Frau hingegen verläßt die Gralsburg nicht, zumindest nicht für lange Zeit, aber während ihres Zusammenbruches gewinnt sie ihren archetypischen Kontakt schnell wieder. Es mag sein, daß das für eine Frau nicht gerade ein fröhlicher Augenblick ist; aber er stellt die innere Verbindung wieder her und setzt eine positive und hilfreiche Eigenschaft frei, die ihr hilft.

Für einen Mann ist es faszinierend zu entdecken, welches

Maß an Kontrolle über die eigenen Gefühle eine Frau besitzt, eine den Männern weithin unbekannte Eigenschaft. Fast nach Gutdünken kann eine Frau die Gralsburg betreten, einer femininen Herausforderung kann sie sich stellen, wann immer sie will. Und das ist außerordentlich schön. Für einen Mann ist eine vergleichbare Leistung sehr viel schwieriger zu erbringen. Nichtsdestoweniger muß eine Frau ihre Aufgaben bewältigen, sie erfährt dabei jedoch die Unterstützung dieser höchst introvertierten, nach innen gerichteten Eigenschaft, so etwa wie Psyches Weiblichkeit auf die erlebte göttliche Nähe reagiert.

Psyche sitzt und wartet auf eine Lösung. Ein Mann muß sich mit einem Messer, einem Schwert, einer Waffe versehen, sein neues Pferd, sein Rad oder sein neues Auto besteigen, um irgend etwas zu vollbringen. Die feminine Art der Frau oder anima (also auch der anima im Manne) besteht darin zu warten, bis etwas in ihr die Mittel, den Weg und den Mut verleiht.

Eine alte chinesische Legende macht dieses weibliche Prinzip deutlich, das in unserer westlichen Welt so oft nicht verstanden wird. Ein Dorf litt unter einer strengen Dürre; die Ernte stand auf dem Spiel, wenn es nicht bald regnen würde. So holt man einen berühmten Regenmacher herbei und stellt alles Nötige für ihn bereit, damit er den lebenspendenden Regen herbeiführen könne. Er besieht sich das Dorf, bittet um eine eigene Strohhütte, Essen für fünf Tage und Wasser für fünf Tage. Dies wird rasch gebracht, und die Leute warten nun. Am vierten Tag beginnt es zu regnen. In Dankbarkeit und voller Freude gehen die Leute zur Hütte des Regenmachers und geben ihm Geschenke für die Rettung ihres Dorfes. Der Regenmacher lehnt aber ab und erklärt, er habe die Zeremonien des Regenmachens noch gar nicht vollzogen.

Als er im Dorf herumgeht, fühlt er sich so verstimmt, daß er einige Zeit braucht, um sein inneres Gleichgewicht wiederzufinden. Diese Art des inneren Ausgleichs ist die große weibliche Kunst, egal, ob sie in einer Frau oder im femininen Teil eines Mannes vorhanden ist. Es ist klar, daß wir nicht so viel von männlich und weiblich sprechen als von maskulin und feminin. Der Ausgleich, die «ausgleichende Gerechtigkeit» wird im Weiblichen immer dadurch erreicht, daß man sehr ruhig ist.

Eine Frau oder – allgemeiner – das weibliche Prinzip, scheint jedesmal, wenn ihr etwas zustößt, zu einem sehr ruhigen inneren Zentrum zurückgehen zu müssen; und *das* ist dann ein durchaus kreativer Akt. Sie muß zurückgehen, darf aber nicht darin ertrinken, sie ist rezeptiv, aber nicht passiv.

Ich kann mich an eine sehr kluge Frau erinnern, die ich einmal kennengelernt hatte, die, als ich alle meine Schwüre heraussprudelte, nur zu sagen pflegte: «Warte.» Das war schrecklich für mich. Mein Pferd schlug schon voller Ungeduld die Erde. Ich wollte nicht belehrt werden, zu warten. Und doch war das richtig, *so* zu verfahren, vorausgesetzt, daß das Problem zutiefst ein feminines war.

Im Zweiten Weltkrieg, als ich beim amerikanischen Roten Kreuz arbeitete, ging ich in das Büro meiner Vorgesetzten und ließ mal ordentlich Dampf ab. Ich zeterte herum, dies und jenes habe sich ereignet. «Was soll ich jetzt tun?» Sie sah mich nur an und sagte: «Sie gehen jetzt zum Essen.» Die wußte Bescheid.

Es ist genau diese feminine Eigenschaft, zur Ruhe zurückzukehren, die das eigentliche Opfer darstellt. In der christlichen Tradition wird es verlangt, wenn wir sprechen: «Wir bringen dir hier ein Opfer dar – ein lebendes Opfer.»

Psyche bringt dieses Opfer, sie geht zum Fluß hinunter, um

sich aufzugeben, vielleicht aus falschen Motiven, aber durchaus aus den richtigen Instinkten.
Am Fluß sitzt Pan, der spaltfüßige Gott, und hat Echo auf seinem Schoß. Er beobachtet, wie Psyche gerade dabei ist, sich zu ertränken, und er überredet sie, es nicht zu tun. Wenn ich das gelesen habe, habe ich immer gelächelt und dann gleich weitergelesen. Bei einem Mythos sollte man jedoch nicht einfach an irgend etwas vorbeilesen. Warum ist es Pan, der Psyche aus ihrer falschen Ruhe rettet?
Das Wort Panik wird von Pan abgeleitet. Es ist ein Gefühl, «außer sich» zu sein. Diese wilde Eigenschaft, dieses «Beinahe-Verrücktsein», von dem die Alten so viel hielten, und das *wir* so tief bedauern, wenn wir in einen derartigen Zustand hineinschlittern. Unser Mythos ist voll von winzigen Beobachtungen und persönlichen Lehren, was zu tun ist, wenn man in eine Sackgasse geriet und überwältigt wurde.
Der Rat des Augenblicks ist, zu Pan zu gehen, dem spaltfüßigen, doppelfüßigen Gott. Dieser Gott besitzt die Fähigkeit – so fremd er unserer Mentalität auch ist –, uns wieder mit der Erde und mit dem Instinkt richtig zusammenzubringen, und zwar nicht auf selbstmörderische Weise.
Der Heulkrampf einer Frau ist eine Pan-Reaktion. In einer Krise ist das manchmal für sie eine nötige und gute Reaktion. Hat sie einen Mann, der es nicht ertragen kann, wenn eine Frau weint, muß sie ihn einfach mitweinen lassen. Pan hat ihr und ihm in diesem Moment vielleicht etwas zu sagen.
Zu Psyche sagt Pan, sie müsse zum Gott der Liebe beten, der verstehe etwas davon, wenn jemand in Liebe entflammt ist. Hier liegt eine nette Ironie, daß man nämlich zum selben Gott gehen muß, der einen verletzt hat, mit der Bitte um Erlösung. Es ist aber ein guter Rat. Als Liebesgott ist Eros der Gott der Beziehung. Ich glaube, wir können sagen, eine Frau

muß sich, ist sie in Schwierigkeiten, an Eros wenden, und sie muß ihm treu ergeben sein. Sie muß es als leitendes Prinzip ansehen, den mit der Beziehung übereinstimmenden Weg zu gehen.

Psyche betet. Sie geht zu den Altären der unzähligen Göttinnen anstatt zum Altar von Eros, um dort um Hilfe zu bitten. Wieder und wieder wird sie abgewiesen. Alle Göttinnen fürchten Aphrodite, und sie wollen sie nicht verärgern, indem sie Psyche helfen. An dieser Stelle wird im Grals-Mythos Parsifal zum Roten Ritter und schlägt mit all seiner Energie heroische Schlachten. Psyche hingegen geht betend von Altar zu Altar. Das ist die gleiche Arbeit wie die des Mannes, gleiche Arbeit, edle Arbeit, aber sie wird verschieden erbracht.

Psyche muß weiter leiden, bis der Weg ihr klar vor Augen steht. Fritz Kunkel sagte einmal, niemand habe das Recht, jemanden vorzeitig aus seinem Leiden zu befreien. Psyche muß ihren Weg gehen. Wenn sich jemand auf dem Leidenspfad bewegt, oder wenn er sich auf einem dieser trockenen Flecken befindet, dann muß man manchmal einfach für eine Zeit eben trocken bleiben. Versteht man jedoch den übergeordneten Sinn des Leidens, so ist ein örtlicher trockener Fleck nicht so vernichtend und schrecklich.

Viele Frauen in der Bibel mußten leiden. Christus am Kreuz leidet auf seine Weise, und die Frauen am Fuße des Kreuzes leiden auf ihre Weise.

Schließlich begreift Psyche, daß sie zu Aphrodite selbst gehen muß, da sie es ist, die den Schlüssel zur Lösung aller ihrer Schwierigkeiten in der Hand hält. Und sie geht.

Aphrodite hält eine bittere, tyrannische Gardinenpredigt. Psyche wird zur Schnecke gemacht. Ihr wird mitgeteilt, sie tauge zu nichts anderem als zur letzten Küchenmagd. Wenn es irgendwo in der Welt überhaupt einen Platz für sie gebe – was aber bezweifelt werden müsse –, so wäre dieser Platz bei den niedrigsten Arbeiten angesiedelt. Genau das hat Aphrodite mit Psyche vor. Die erste der vier berühmten Aufgaben ist Psyche damit gestellt – als Bedingung für ihre Erlösung.

9

Aphrodite führt Psyche vor einen riesigen Haufen von Samenkörnern verschiedenster Art, die miteinander vermischt sind, und befiehlt ihr, die Samenkörner bis zum Anbruch der Dunkelheit zu sortieren. Andernfalls müsse sie sterben. Daraufhin verschwindet Aphrodite mit Pomp zu einem Hochzeitsfest. Die arme Psyche bleibt allein vor dieser unmöglichen Aufgabe zurück. Niemand könnte das leisten. Wieder sitzt sie jetzt ruhig da und wartet.
Wir können davon ausgehen, daß Eros – als animus – nun zurückkehrt in die innere Welt und nicht bei Psyche im Stadium unbewußter animus-Besetzung verharrt. Er kann nun für Psyche nachdenken, und er kann ihr helfen, die Stärke und die Weisheit zu finden, die sie braucht, um ihre Aufgabe erfüllen zu können. Wir glauben, daß es durch ihn geschieht, daß die Enten von Psyches Problem erfahren und die Samenkörner für sie sortieren. Als die Dämmerung hereinbricht, ist die Arbeit getan, und als Aphrodite zurückkehrt, um die Situation in Augenschein zu nehmen, stellt sie abfällig fest, Psyche habe sich als derartig nichtsnutzige Kreatur immerhin bewährt.
Was für ein wundervolles Beispiel für Symbole, einen Haufen Samenkörner zu sortieren! In vielen praktischen Dingen des Lebens, in der Haushaltsführung zum Beispiel, besteht die Aufgabe der Frau darin, danach zu trachten, daß Form und Ordnung herrschen. Das ist sortieren. In welchem Haushalt gibt es nicht den Ruf: «Mammi, wo ist mein anderer Sokken?»

Der Mann überträgt dieses Ordnen des Haushaltes einer Frau, er ist – wie er es sieht – mit wichtigeren Dingen in Geschäften der äußeren Welt belegt, und es bleibt der Frau überlassen, sein häusliches Leben in Ordnung zu halten. Dennoch hält ein Mann eine Frau üblicherweise für nicht sonderlich geeignet, Ordnung herzustellen.

Wenn ein Mann einer Frau Liebe gibt, so gibt er ihr zugleich unvorstellbar viele Samenkörner, Millionen. Sie muß eines davon auswählen. Dort, auf der ganz natürlichen Ebene, findet das einfache Sortieren statt. *Sie* ist es, die auswählt, in diesem Falle unbewußt, welches dieser vielen Samenkörner sich entwickeln soll. Die Natur bringt in ihrem Überfluß sehr viele hervor. Und die Frau sortiert.

In anderen Lebensbereichen wird die Frau überflutet von Dingen, die zu sortieren sind. Wenn sich die Haushaltsführung vermindert, steht eine Frau vor einer verwirrenden Vielzahl von Möglichkeiten. Das ist schwer für die rein feminine Natur, was von Irene de Castillejo als «diffuse Wahrnehmung» bezeichnet wurde, im Gegensatz zur maskulinen Natur, die gezieltes Bewußtsein ist. Die meisten Kulturen versuchen das durch Überlieferung und Gesetz zu lösen, indem sie vorschreiben, was eine Frau tun und lassen soll, um sie von der Aufgabe des Sortierens zu befreien. Wir sind jedoch freie Menschen, und wir haben derartige Mechanismen nicht, so daß eine Frau wissen muß, wie sie zu unterscheiden hat. Um dies zu tun, muß sie ihre Entennatur aufspüren, diese primitive, chthonische, irdische Eigenschaft, die ihr helfen wird. Die Entennatur entspringt nicht dem Intellekt; sie liefert keine Spielregeln. Sie ist eine einfache, instinktive, ruhige Eigenschaft, vielleicht ein maskulines Attribut, doch gehört es legitimerweise den Frauen.

Für eine Frau ist es von Vorteil, sich einiges Geschick im Samensortieren anzueignen. Man könnte seine Aufgabe dabei auf eine Art geometrische Weise erledigen, das Naheliegendste zuerst, oder das, was einem am meisten am Herzen liegt. Auf diese schlichte, einfache Weise kann man weltnah die Schwierigkeit des Zu-vielen meistern. Vielleicht ist die Fähigkeit zum Samensortieren ein Teil der inneren Maskulinität einer Frau – Echo auf Eros. Eine Frau muß sich dieses grundlegenden Gesetzes gewiß werden, daß sie diese kühle, trockene, höchst unterscheidende Funktion einsetzen muß, die ihr animus als Verbindung zwischen ihrem bewußten Ego und der inneren Welt darstellt, dem kollektiven Unbewußten. Animus und anima gehören zunächst in die Himmel und Höllen der inneren Welten. Eigenartigerweise sind animus und anima teils menschlich, teils göttlich, teils personal, teils transpersonal. Deshalb sind sie so ausgezeichnete Mittler zwischen der Persönlichkeit und dem kollektiven Unbewußten. Sie haben ein Bein in jeder Welt: sie fungieren am besten als innerer geistiger Führer des bewußten Ego, wenn es in der Welt herumwandert.

Oft wird der animus geringgeschätzt, das ist jedoch nur berechtigt, wenn er an der falschen Stelle genutzt wird. Tritt er in der äußeren Welt auf, ruft er gewöhnlich Ärger hervor. Aber er kann ein Schlüssel sein zum eigenen inneren geistigen Leben, *wenn* er innen wirkt. Er ist die Hauptverbindung zwischen uns als Individuen und dieser großen inneren Einheit, der Göttlichkeit des kollektiven Unbewußten. Hier gehört der animus in Wirklichkeit hin.

Ich glaube, wir haben in unserer grundlegenden Einstellung zum Sortieren heutzutage einige Schwierigkeiten. Die moderne Frau lehnt sich gegen diesen Vorgang des Sortierens für ihre Familie vielleicht auf, aber dieser ist für ihre Entwicklung ein Haupterfordernis. Ich beeile mich hinzuzufügen, daß sie keine Dinge sortieren soll, die nicht zu ihr gehören. Es wird nicht erwartet, daß alle Frauen in der äußeren Welt ständig Dinge sortieren. Der Frauentyp einer Amazone (wie sie Tony Wolff in ihren vier Typen der Frau als Mutter, Hetäre, Mittlerin und Amazone beschreibt) oder eine Geschäftsfrau ist diesem Sortieren gewachsen. Ihre Entennatur ist hochentwickelt, und sie kann ihre maskuline Komponente in der Außenwelt einsetzen.

Eine andere Art weiblichen Sortierens ist heutzutage weniger bekannt. Ich glaube, wir stolpern drüber und haben Schwierigkeiten damit. Das Feminine in einer Frau oder die anima in einem Manne muß den Strom aus dem Unbewußten sortieren und das, was er mit sich führt, säuberlich und ordentlich dem Bewußtsein zuordnen. Ich meine, dies ist die große feminine Aufgabe unserer Kultur, die so oft übersehen wird.

Die maskuline Seite der Persönlichkeit des Mannes und der Frau beschäftigt sich heute hauptsächlich mit der äußeren Welt, während die weibliche Komponente sich hauptsächlich mit der Innenwelt befaßt.

Ein gelungenes Bild einer Ehepartnerschaft ist das, in dem Mann und Frau Rücken an Rücken stehen, er die äußere Welt betrachtet, in der er mehr zu Hause ist, und sie die innere Welt, in der sie mehr zu Hause ist. Das ist jedoch keine statische Situation; jeder der beiden bewegt sich zuversichtlich in Richtung auf die Ganzheit, die die völlige janusgesichtige Persönlichkeit ist, die gleichzeitig die Innen- und die Außenwelt betrachtet.

Ganz ideal gesehen, könnte man sich Mann und Frau als sich zwei überschneidende Kreise vorstellen. Zu Beginn ihrer psychischen Entwicklung gibt es nur geringe Überschneidungen; der Mann sorgt für die Familie und schützt sie vor der Außenwelt, während die Frau für die Familie sorgt und sie vor der Innenwelt schützt. Allmählich bewegen sich die Kreise aufeinander zu und überschneiden sich tiefer, wenn Mann und Frau hinreichend die Fähigkeit entwickeln, in beide Richtungen zu schauen.

Heute kommt es oft vor, daß beide Partner in die Außenwelt sehen und keiner von beiden sich der unbewußten oder der inneren Welt entsinnt. An dieser Stelle bleibt die Familie ungeschützt. Ich würde Frauen dringend raten, ihre natürliche und vornehme Aufgabe wahrzunehmen, sich der inneren Welt zuzuwenden und sie ins Gleichgewicht zu bringen, für sich selbst, für ihre Ehemänner und für ihre Familien und die Gesellschaft. Damit helfen sie auch anderen, sich ihre eigene innere Welt vor Augen zu führen. Den Strom an Empfindungen, Launen und Archetypen für eine Familie zu sortieren, ist eine wunderschöne weibliche Handlung.

10

Psyches zweite Aufgabe, von Aphrodite arrogant und beleidigend gestellt, besteht darin, auf ein Feld auf der anderen Seite des Flusses zu gehen und dort etwas von der goldenen Wolle der Schafböcke, ein Stück vom goldenen Vlies, zu holen. Unter Todesstrafe hat sie bis zum Anbruch der Dunkelheit zurückzusein.

Psyche muß sehr tapfer sein (von allen guten Geistern verlassen, ja tollkühn ist der bessere Ausdruck, weil die Schafböcke, die am anderen Ufer des Flusses weiden, sehr wild sind), wenn ihr diese gefährliche Aufgabe gelingen soll. Erneut bricht sie zusammen und trägt sich mit Selbstmordgedanken. Sie geht auf den Fluß zu, der sie von den Sonnenböcken trennt, und trägt sich mit dem Gedanken, sich in den Fluß zu stürzen. Aber genau im entscheidenen Augenblick beginnen die Schilfhalme am Flußufer mit ihr zu sprechen und ihr Rat zu erteilen.

Die Schilfhalme raten Psyche, sich nicht während der hellen Stunden des Tages den Schafböcken zu nähern, um etwas von der Wolle zu bekommen; sie würde unmittelbar zu Tode geschmettert werden. In der Dämmerung vielmehr solle sie hingehen und von der Wolle etwas abnehmen, die von Dornbüschen und den niederhängenden Zweigen einer Baumgruppe auf dem Feld abgestreift wurden, unter denen die Schafböcke oft weidend vorbeiziehen. Dort wird sie genug von der goldenen Schafswolle finden, um Aphrodite zufriedenzustellen, ohne daß die Schafe überhaupt etwas merken. Psyche wird also geraten, nicht unmittelbar zu den

Schafböcken zu gehen, oder gar den Versuch zu machen, sich die goldene Wolle gewaltsam zu besorgen, da die Böcke gefährliche, aggressive Tiere sind, die sie töten können.

Manche Maskulinität erscheint Frauen in diesem Licht. Jede Frau muß lernen, sich mutig der Außenwelt zu nähern, aber instinktiv weiß sie, daß zuviel davon auf einmal tödlich wirken wird, und daß schon das bloße Sichnähern gefährlich sein kann.

Man stelle sich eine sehr feminine Frau vor, am Anfang ihrer Lebensaufgabe. Sie betrachtet die moderne Welt und weiß, daß sie da hindurch ihren Weg nehmen muß. Sie hat Angst davor, getötet zu werden. Schon der bloße Weg ins Büro und wieder nach Hause zurück flößt Furcht ein. Man kann zu Tode geprügelt werden durch die Schafbocknatur der patriarchalischen, auf Wettbewerb angelegten, ent-persönlichten Gesellschaft, in der wir leben.

Hier muß ein Unterschied angebracht werden zwischen den Schafböcken und der Wolle, dem Vlies. Vielleicht sollten wir kurz zum Mythos der Suche nach dem goldenen Vlies zurückkehren, um etwas Einblick in Psyches Aufgabe zu gewinnen.

Das Streben nach dem goldenen Vlies ist einer der großen männlichen Mythen des Altertums. Jason und seine Freunde beweisen darin ihren Mut, ihre Stärke, ihre Männlichkeit. Edith Hamilton schreibt über dieses Verlangen nach dem goldenen Vlies: «Jeder der edelsten Männer Griechenlands, die mit Jason kamen, hatte den Wunsch, nicht zurückgelassen zu werden an der Seite seiner Mutter, um ein risikoloses Leben zu genießen, sondern um mit seinen Kameraden, selbst auf Kosten des eigenen Lebens, das unvergleichbare Elixier der Tapferkeit zu trinken.»

Das berühmte goldene Vlies war die Wolle eines Schafbokkes, der zwei junge Menschen, das Mädchen Melle und den Jungen Phrixos, vom Tode durch die Hände ihres Vaters und ihrer Stiefmutter errettet hatte. Im letzten Augenblick kam er angeflogen, holte den Prinz und die Prinzessin und flog mit ihnen davon. Leider fiel das Mädchen ins Meer und ertrank. Der Junge tötete den Schafbock als Dankopfer, als dieser ihn in einem anderen Königreich abgesetzt hatte. Dann überreichte Phrixos dem König dieses Reiches die goldene Wolle. Erst später kamen Jason und die anderen aus der Heimat des Phrixos, um sie zu suchen.

Wir können dem entnehmen, daß der Schafbock für eine mächtige Kraft steht, die einen Menschen aus einer Situation mit seinen Eltern rettet, eine Situation, die sein Leben bedroht. Er repräsentiert eine große, elementare natürliche Kraft, die man manchmal durch einen Archetypus gewinnen kann, oder die plötzlich als eindringender Komplex in einer Person wirksam werden kann. Fürchterlich ist diese Kraft und explodierend. Sie ist der brennende Busch; sie ist die weite, unbewußte Tiefe, die das schwache Ego wegspülen kann, wenn es nicht in sinnvoller Beziehung zu ihr steht.

Ein Mann kann zuweilen Zugang zu dieser Kraft des Schafbockes haben, oder er kann sogar von ihr beherrscht werden, er sollte sich mit ihr aber nicht identifizieren. Es ist nicht zufällig, daß im Mythos das Mädchen ins Meer fällt und ertrinkt. Ein Mann, der sich in den Klauen seines Schafbockkomplexes befindet, lebt nicht in richtiger Beziehung zu seiner Weiblichkeit, er ist im Unbewußten verloren, im Meer. Im Grals-Mythos erfahren wir, daß es den Frauen nicht wohl erging, als die Männer Rote Ritter waren. Schafbockbesessensein scheint auf gewisse Weise dem Verhalten der Roten Ritter zu ähnlin. In beiden Fällen leidet die echte Feminität.

Wie erwähnt, opfert Phrixos, wohlbehalten wieder auf der Erde abgesetzt, demütig den Schafbock und behält die goldene Wolle für sich, die das Logos-Symbol darstellt. Zwischen dem Logos und der Kraft gibt es eine ebenso enge und organische Verbindung wie zwischen der Schafwolle und dem Schafbock. Der moderne Mensch in der westlichen Welt hat unter Verwendung seines Logos, seines rationalen wissenschaftlichen Verstandes, eine Möglichkeit, die Kraftquellen des Universums anzuzapfen, gefunden. Dadurch hat er sich eine schreckliche Macht über andere Menschen und über die Natur verschafft. Der moderne, von Technologie geprägte Mensch verfügt über eine gottähnliche Menge an Macht, und er ist in Gefahr, seine Welt damit zu zerstören.

Wie soll er mit dieser fürchterlichen Macht zum Vorteil für sich und die Natur umgehen? Der alte Mythos sagt uns: Opfere den Schafbock und behalte die Wolle, oder nimm nur jene Wolle, die sich in den Büschen verfangen hat, die keinen psychotischen Ausbruch von Verrückt-Sein auslösen kann. Oder, wie der moderne Mythenmacher Tolkien es sagt, wirf den Ring der Macht auf die Erde zurück. Oder, in der Sprache des Ostens, halte das Gleichgewicht zwischen Yang und Yin, zwischen Logos und Eros. Der Mythos von Psyche lehrt, daß man nicht versuchen darf, die Wolle, die noch auf den Schafböcken wächst, zu nehmen oder sie zu verwenden. Denn darin lebt elementare Kenntnis, verbunden mit elementarer Kraft, und die Fähigkeit zur sofortigen Vernichtung.

Der moderne Mensch muß seine gottähnliche Anmaßung, seine unnatürliche Kraft über die Natur und das Schicksal der gesamten Menschheit aufgeben. Sein Logos hat ihn zu einer Fixierung der Macht, zu einer überhöhten Identifizierung mit dem Schafbock geführt. Er ist aber kein geeigneter

Träger dieser Kraft. Genauso, wie ein Mensch, der sich einem Archetypus zu stark nähert, ausgelöscht wird, wird eine Person, die sich mit dem Schafbock identifiziert, ebenfalls zerstört werden.

John Sanford hat beobachtet: wenn ein junger Mensch Drogen nimmt, ehe er ein ausreichend starkes Ego entwickelt hat, um der massiven inneren Erfahrung, die da auf ihn zukommt, zu widerstehen, kann er ausgelöscht werden. Wir modernen Männer und Frauen packen einen Schafhammel riesigen Ausmaßes an, der uns anfallen und der uns zerstören kann. Sollten wir nicht mit dem Spiel mit der nackten Gewalt aufhören und Logos und Eros in eine richtige Beziehung zueinander und zur Natur bringen?

Vielleicht ist die Aussage des Mythos die, wieviel Wolle und wieviel Logos nicht nur Frauen, sondern auch Männern zukommt. Wir können nur so viel Logos verkraften, daß wir keinen Machtausbruch auslösen, der uns persönlich und alle zusammen zerstören wird.

Männer und Frauen stellen es unterschiedlich an, die Wolle des Vlieses zu bekommen. Es gibt einen Unterschied, wie Phrixos sie erwirbt und wie Psyche sie erwirbt. Phrixos muß den Schafbock dem Opfertod überantworten. Psyche hingegen braucht den Schafbock nicht zu töten; sie muß nur den direkten Kontakt mit ihm vermeiden und die Wolle von den Ästen und den Zweigen pflücken. Die Vorstellung, es genüge, nur die Reste der Wolle zu nehmen, die Reste vom Logos an den Zweigen, mag für eine heutige Frau unerträglich klingen. Warum sollte eine Frau nur wenig von dieser Eigenschaft haben? Warum kann sie nicht einfach den Schafbock niederdrücken, seine Wolle an sich nehmen und triumphierend mit ihr davonziehen, so wie der Mann es tut? Delilah befriedigt ihre maskulinen Bedürfnisse in eben dieser

Weise. Der Mythos von Amor und Psyche sagt uns, daß eine Frau die erforderliche Männlichkeit für ihre Zwecke ohne ein Spiel um die Macht erreicht. Psyches Weg ist sanfter. Wenn eine Frau irgendeine Form männlicher Gewalt ausüben will, braucht sie die Macht nicht auf männliche Art und Weise zu erlangen.

Es gibt Frauen, die eine höhere Maskulinität brauchen, als es der Mythos andeutet. Man wird an die Amazonen erinnert, die ihre linke Brust abnahmen (was bedeutet, daß sie einen wesentlichen Teil ihrer Weiblichkeit aufgaben), so daß sie den Bogen spannen konnten, ohne daß die Brust der Bogensehne im Wege war, wenn sie losgelassen wurde und abschnellte. Mehr Maskulinität kann weniger Feminität bedeuten. Und genau das ist das Problem.

Ich habe das Gefühl, daß die westliche Zivilisation vor einiger Zeit eine falsche Richtung eingeschlagen hat und daß der Platz der Feminität verrückt ist. Deshalb ist der Mythos von Amor und Psyche so wichtig. Er berichtet von einer richtigen und von einer falschen Art, eine Frau zu sein. Er sagt auch, daß eine Frau all das, was sie wirklich an Männlichkeit braucht, auf feminine Weise erwerben kann.

Der Mythos sagt nicht etwa, eine Frau solle keine Wolle haben, oder daß sie nicht ihr ganzes Bewußtsein einsetzen soll, ihre männliche Komponente. Er sagt vielmehr, daß, ähnlich wie ein Mann durch ein Zuviel an Weiblichkeit gehindert wird, eine Frau nur wenig Wolle benötigt. Tatsächlich herrschte zu der Zeit, als der Mythos entstand, die Vorstellung, Psyche benötige überhaupt keine Wolle. Die Idee, daß Psyche überhaupt Wolle haben solle, war wirklich neu. Bis dahin war das Streben nach dem goldenen Vlies ein rein männliches Begehren.

Um ein wenig von der goldenen Wolle erlangen zu können,

mußte Psyche ihren Mut, ihre eigene Tapferkeit, ihren eigenen Unternehmungsgeist und ihre eigene Stärke finden und gebrauchen. Diese Aufgabe war zur Entwicklung der Frau über die rein instinktive, unbewußte Stufe hinaus erforderlich. Hinausgeschickt zu werden, um Wolle zu holen, das war ein großer Schritt vorwärts für das weibliche Geschlecht. Und wir müssen uns auch daran erinnern, daß ein Mikrokosmos zugleich auch immer ein Makrokosmos ist. Ein bißchen Logos ist der ganze Logos. Man wird etwas an die Geschichte über Christus erinnert, der inmitten einer Menschenmenge wandelte und von vielen Menschen um ihn herum geschoben und berührt wurde. Doch eine Frau brauchte nur den Saum seines Gewandes anzufassen, und sie wurde geheilt und gesund.

Der Mythos erzählt uns, daß das Feminine nur etwas Wolle bekommen muß, nur eben den Saum, nicht das ganze Kleid, um für seine Zwecke genug zu haben und zu gesunden.

Wenn wir davon sprechen, daß eine Frau Wolle erwirbt, wenn wir von ihrer Männlichkeit reden, muß uns klar sein, daß wir nicht nach jeweils der gleichen Menge Maskulinität und Feminität in uns streben. Viele Frauen sagen, daß sie ebensoviel konzentriertes Bewußtsein und Wissen haben wollen wie die Männer. Das ist nicht vernünftig und schon gar nicht beruhigend.

Man muß eine Frau sein, die von Maskulinität gestärkt wird, oder man muß ein Mann sein, der durch Feminität stark wird. Die Männlichkeit ist in einer Frau aber der geringere Teil. Wir alle haben Grenzen, die durch biologische Hindernisse oder Funktionen gezogen sind. Die Frau, die *das* anerkennt, kann in die Geschäftswelt gehen und ihre Männlichkeit einsetzen. Sie bringt neben ihrem konzentrierten Bewußtsein ihre Ruhe, ihre Berührung mit der Quelle mit, so daß jene, die um sie herum sind, an die Gralsburg erinnert werden.

Eine Frau etwa mit einem zehnjährigen Sohn sollte sich diesen Grundsatz zu Herzen nehmen. Sie sollte nicht zu viel und zu schnell wissen wollen; sie darf dem Jungen nicht seine Welt wegschnappen, ihn seines Schwertes berauben. Die maskuline Welt eines Jungen ist zerbrechlich und verletzbar, besonders, wenn sie plötzlich und aggressiv mit der maskulinen Seite der Mutter konfrontiert wird.

11

Zurück zum Mythos. Aphrodite erscheint auf dem Plan und wird der unglaublichen Tatsache gewahr, daß Psyche die geforderte Menge Wolle *hat*. Verärgert, wie sie nun ist, faßt sie den Entschluß, Psyche endgültig auszulöschen. Sie weist das Mädchen an, ein Kristallglas mit Wasser aus dem Styx zu füllen, einem Fluß, der von einem hohen Berg herunterschießt, in der Erde verschwindet und wieder auf den steilen Berg zurückfließt. Er fließt also kreisförmig, indem er wieder zu seiner Quelle zurückkehrt, wieder in die Tiefen der Hölle rauscht, dann wieder hinauf zu den höchsten Felsen steigt. Der Styx wird von gefährlichen Monstern bewacht, und es gibt keinen Platz, von dem aus man nahe genug am Flusse ist, um ein Glas Wasser daraus zu entnehmen.
Ihrer Verfassung entsprechend, bricht Psyche zusammen. Diesmal ist sie so zu Boden geschlagen, daß sie nicht einmal mehr weinen kann. In diesem Augenblick erscheint, von Zeus geschickt, ein Adler.
Der Adler hat früher einmal in einer gewissen Liebesangelegenheit Zeus beigestanden, und Zeus und Adler haben seitdem ein gewisses Freundschaftsverhältnis miteinander. Zeus will nun seinen Sohn Eros sichtlich schützen, und er bittet den Adler, Psyche beizustehen. Der Adler fliegt zu ihr in ihrem Kummer und bittet sie, ihm den Kristallbecher zu geben. Er fliegt zur Mitte des Flusses, taucht das Glas in das gefährliche Gewässer, füllt es für Psyche und bringt das Gefäß unversehrt zurück. Ihre Aufgabe ist erfüllt.
Der Fluß Styx ist der Fluß des Lebens. Er fließt hoch und nie-

der, von den höchsten Bergen herab in die Tiefen der Erde. Schnell und trügerisch ist die Strömung des Flusses, die Ufer sind schlüpfrig und steil; nähert man sich ihnen zu sehr, kann man schnell davongeschwemmt werden, in den Fluten versinken oder an die tieferliegenden Felsen geschlagen werden.

Ich meine, diese Prüfung zeigt uns, wie das Feminine auf die Fülle des Lebens reagieren muß. Es darf nur einen Becher Wasser entnehmen. Die weibliche Art und Weise besteht eben darin, eine Sache zu erledigen und sie gut zu machen. Ihr wird nicht versagt, eine Sache ein zweites Mal, ein drittes Mal oder ein zehntes Mal zu tun, jedoch muß sie Becher für Becher bringen, alles in schöner Reihenfolge.

Der feminine Aspekt der menschlichen Psyche ist von einigen Psychologen als ahnendes Bewußtsein beschrieben worden. Die weibliche Natur ist von der reichen Fülle von Möglichkeiten des Lebens überflutet und fühlt sich zu allem hingezogen, gewöhnlich sogar gleichzeitig. Die Schwierigkeit dabei ist die Unmöglichkeit, daß man nicht gleichzeitig alles tun kann oder alles sein kann. Viele der sich uns bietenden Möglichkeiten sind unvereinbar, und man muß auswählen unter ihnen. Wie der Adler mit seinem Panoramablick muß man auf den mächtigen Fluß blicken, eine bestimmte Stelle anvisieren und dann nur einen einzigen Becher voll Wasser entnehmen.

Heute wird der Irrglaube verbreitet, der verkündet, wenig sei gut, mehr sei besser. Die Werbung fordert dazu heraus, im Leben alle Bedürfnisse zu befriedigen, die es nur gibt. Das geht so nicht. Es bedeutet nämlich, daß man nie zufrieden ist. Selbst wenn man ein reiches Erlebnis genießt, sieht man sich währenddessen schon nach weiteren Möglichkeiten um. Nie ist man mit irgend etwas zufrieden, weil ja immer noch etwas Größeres oder Besseres folgt.

Unser Mythos lehrt uns, daß eine geringe Qualität, in vollem Bewußtsein erlebt, uns genügt. Wie der Dichter uns erzählt, können wir uns die Welt in einem Sandkorn vorstellen. Wir können uns auf einen Aspekt des Lebens festlegen oder auf eine Erfahrung, und wir können uns auf sie konzentrieren, uns daran laben und damit zufrieden sein. Dann können wir uns einem neuen Erlebnis zuwenden, was es auch sein mag, wenn es nur in guter Reihenfolge geschieht.

Der Kristallbecher ist das Gefäß, in dem das Wasser aufbewahrt werden sollte. Natürlich ist Kristall sehr zerbrechlich und wertvoll. Das menschliche Ego etwa kann mit dem Kristallbecher verglichen werden. Es ist ein Gefäß für ein Stück aus dem Fluß des Lebens. Geht man mit dem Becher des Ego nicht wie mit dem Gefäß in dem schönen, aber heimtückischen Fluß sorgfältig um, kann es zerbrechen. Man braucht eine Adlernatur, um klar zu sehen und um an der richtigen Stelle in den Fluß zu tauchen und das alles richtig zu machen. Vielleicht kann das Ego auch angewiesen werden, wenn es versucht, unbewußte Tiefen in sich auszuloten, jedesmal nur einen Becher voll Wasser zu fassen und aufzubewahren, damit man nicht überwältigt wird und das Gefäß des Ego nicht zerbricht.

Das erdgebundene Individuum, das sich dem Lebensfluß vom Rande her nähert, von einem Punkt seines Ufers, von einer einzigen Stelle des riesigen Strombettes aus, kann einerseits auf das tosende, ineinanderschießende Durcheinander blicken und den Eindruck gewinnen, dies alles sei nicht zu entwirren. Kommt es von einer anderen Stelle, vom anderen Ufer an den Fluß heran, trifft es vielleicht nur stehendes Brackwasser an, scheinbar ohne jede Bewegung des Lebens und ohne Chance für eine Veränderung. Ein Mensch, der dem breiten Fluß des Lebens aus der engen Perspektive seines eigenen, besonderen Uferstreifens begegnet, hat es vielleicht zuzeiten nötig, an seine eigene Adlernatur zu appellieren, sein Gesichtsfeld zu erweitern, um einen Überblick über den Fluß zu gewinnen, um all die Biegungen, Abweichungen und Änderungen zu sehen. Dann ist er in der Lage, seine eigene Situation in eine bessere Perspektive zu rücken, und er kann auch andere, neue Möglichkeiten sehen. Wir brauchen unser Adlernaturell, besonders dann, wenn wir durch eine besonders heimtückische Flußbiegung eingefangen zu sein scheinen.

Der Rat, den uns dieser Abschnitt des Mythos erteilen will, ist für uns heute besonders zutreffend. Fast jede mir bekannte Frau ist bereits geradenwegs in den Fluß gewatet und von ihm überwältigt worden. Fast jede Frau, die ich kenne, ist zu emsig. Sie ist hiermit beschäftigt und damit, lernt dies und jenes, fährt in einer Autoschlange da und dorthin, arbeitet schwer an einem großen Projekt, rennt herum – bis sie kaputt ist. Sie muß ruhig sein, sie muß die Fülle der Lebensaufgaben in einer geordneteren Weise angehen, *eine* Sache erledigen, nur *ein* Kristallglas voll Wasser nehmen und sich eben darauf konzentrieren, sie muß die Sache gut tun. *Dann* kann sie sich anderen Dingen zuwenden.

12

Psyches vierte Aufgabe ist bei weitem die interessanteste von allen, obgleich nur wenige Frauen dieses Entwicklungsniveau erreichen, da es jenseits der Erfahrungsmöglichkeiten der meisten Menschen liegt. Wann immer ich über diese vierte Aufgabe zu sprechen beginne, merke ich, wie der gute Boden solider Rationalität und Vernunft unter meinen Füßen zerbröckelt. Doch muß man um diese letzten Dinge wissen, wenn man zur letzten Aufgabe Psyches berufen ist.

Aphrodite befiehlt Psyche, in die Unterwelt zu gehen und aus der Hand der dort regierenden Persephone persönlich einen kleinen Napf ihrer Schönheitssalbe zu besorgen. Wieder bricht Psyche zusammen. Diesmal ist der Helfer in der Not kein Lebewesen, nicht einmal ein natürliches Phänomen. Ein Turm gibt ihr für diese Reise in die Unterwelt Anweisungen.

Psyche muß zwei Münzen in den Mund nehmen und zwei Weizenbrote in ihre Hände. Sie muß es ablehnen, einem lahmen Eseltreiber zu helfen, der sie bitten wird, einige Holzstücke für ihn aufzusammeln. Mit einer der Münzen muß sie den Fährmann über den Styx bezahlen. Sie muß die ausgestreckte Hand eines Ertrinkenden aus dem Wasser zurückweisen. Sie muß es ablehnen, drei Frauen beizustehen, die die Fäden des Schicksals spinnen. Eines der Weizenbrote muß sie Cerberus hinwerfen, dem dreiköpfigen Untier, das den Hölleneingang bewacht, und während sich die drei Köpfe um das Brot balgen, muß sie in die Hölle eindringen. In der Unterwelt darf sie nur das einfachste Essen zu sich nehmen.

Wenn sie zurückgeht, aus der Hölle heraus, muß sie alles umgekehrt noch einmal durchmachen.

Eine Frau kann sich dieser vierten Aufgabe nur dann unterziehen, wenn sie die nötige Stärke aus den drei vorangegangenen Aufgaben gewonnen hat. Fast immer braucht man einen Lehrmeister oder einen Führer, und wenn man nicht die Stärke und den Mut besitzt, ist es am besten, man läßt die vierte Aufgabe sein. Es ist eine schreckliche Erfahrung, auf einem Teil des Weges durch die Unterwelt liegenzubleiben. Hat man die Münzen, das Weizenbrot und – das Wichtigste – die Informationen vom Turm nicht empfangen, sollte man diese Reise nicht antreten.

Zuerst findet man einen geeigneten Turm, eine menschliche Konstruktion. Der Turm ist maskulin, ein Konstrukt, eine Übereinkunft, eine Anordnung von Regeln, eine Tradition, ein System. Das Christentum ist solch ein Turm, ein Bollwerk und eines der besten für uns westliche Menschen. Ausgezeichnete Beispiele solcher Türme sind die Geistlichen Übungen des Ignatius von Loyola, das Leben der Heiligen, das liturgische Jahr und die Orte christlicher Abgeschiedenheit. Neben unserer eigenen Kultur gibt es die vielen Systeme von Yoga, Sufi-Mystik, Zen und andere orientalische Türme. In der Theorie macht es keinen Unterschied, welchen Turm man wählt, obwohl es für die Menschen des Westens gewöhnlich das beste ist, den Traditionen ihres westlichen Bewußtseins treu zu bleiben. Unser eigenes kollektives Unbewußtes verfügt über Muster, die für unsere westliche Lebensweise am geeignetsten sind.

Das erste, was Psyche lernen muß, ist, ihre Großzügigkeit zu zügeln, dem gelähmten und dem sterbenden Mann nein zu sagen, dies aber nicht nur auf dieser Stufe ihres Wachstums. Ich machte einmal die tiefe Erfahrung, eine intelligente Frau durch diese vierte Stufe hindurchzulotsen. Sie hätte darüber, entgegen ihrer weiblichen Großherzigkeit, zu jemandem auch einmal nein sagen zu müssen, beinahe ihren Weg aus den Augen verloren. Oft mußte ich es für sie tun, wenn sie es nicht ertragen konnte, es selber zu tun. Wenn plötzlich jemand anrief und etwas wollte, konnte sie es nicht abschlagen. Das dauerte zwei Jahre lang. Während dieser Prüfung fallen einem alten gelähmten Mann ein paar Holzstücke hinunter, und er bittet um Hilfe, sie wieder auf den Esel zu packen; und sie muß nein dazu sagen; oder ein sterbender Mann streckt die Hand nach ihr aus – und sie muß nein sagen.

Nett zu sein und Schenken sind eigenartige Tugenden. Unsere Einstellung im Westen mit dem Blick auf Großherzigkeit läßt fast gar keine andere Möglichkeit zu, als nett zu sein. Als ich in Indien war, lernte ich dort eine andere Einstellung kennen. Wenn ich zum Beispiel glaubte, zu einem Bettler nett sein zu müssen, fragte mich mein indischer Freund gewöhnlich: «Robert, warum mischst du dich in das Leben anderer Menschen ein?» Schließlich fand ich eine Antwort darauf: «Weil ich es muß.» «Gut», sagte er, «wenn das so ist, dann ist es in Ordnung.»

Eine chinesische Parabel berichtet folgendes vom Männlichen und Weiblichen: Ein Mann steht bei Tagesanbruch auf der Spitze eines Berges, streckt seine Hände aus, die Handflächen nach oben und sagt ein kreatives «Ja». Eine Frau steht bei Tagesanbruch auf der Spitze eines Berges, die Handflächen nach unten und sagt ein kreatives «Nein». In der chinesischen Vorstellung wird dadurch die Tatsache ausgedrückt, daß das Maskuline und das Feminine je zur Hälfte die Realität ausmachen, in der Sprache der Chinesen: das Yang und das Yin. Beide ergänzen einander vollständig. Jedes ist auf das andere angewiesen, jedes nährt das andere. Wir befassen uns

hier mit dem negativen «Nein», nicht mit irgendeinem indifferenten «Nein». «Nein» als etwas Schöpferisches ist etwas, das unserer westlichen Welt völlig verlorengegangen ist. Eine Frau kann zu einem kreativen, einschränkenden «Nein» kommen, zu einem die weitere Reise gestaltenden «Nein», wenn sie auf diesem Teil von Psyches Reise ist. Das trifft aber nur für eine Frau auf dieser vierten Stufe zu und erst, wenn sie die anderen Aufgaben zuvor gelöst hat.
Falls sie die Großherzigkeit gar nicht erst gelernt hat, wäre diese Aufgabe Gift für sie. Es sind immer nur bestimmte Anlässe, die ein kreatives «Nein» erfordern. Dann läßt man das fallen, und man kann wieder großzügig sein.
Es gibt in unserer Gesellschaft kaum noch die knöchrigen Hände der Bettler, wir kennen jedoch die Herausforderungen unserer Zeit. Das Telefon läutet, und schon sind wir zu einer Menge Aktivitäten aufgerufen. Die Türklingel läutet, und jemand will eine Spende für eine Organisation oder für ein gutes Werk. Ich kam nach einigem Überlegen zu dem Schluß, daß dies nicht die richtige Art war, wie mein Geld verwendet werden sollte; aber es erforderte eine Menge Mut, dem Menschen an der Tür zu sagen: «Nein, ich mache das mit dem Geldgeben anders.» In den meisten primitiven Gesellschaften ist man für einen Menschen, für den man etwas getan hat, verantwortlich. Wenn man in Afrika einem Menschen das Leben rettet und dieser begeht dann ein Verbrechen, dann ist man für ihn verantwortlich. In Indien hat mich mein Freund immer darüber ausgefragt, warum ich zu anderen Menschen so nett bin. Gewöhnlich fragte er: «Warum machst du das?» Meistens stammelte ich dann eine Antwort wie: «Es ist für einen guten Zweck» oder «Er tat mir leid», und er erwiderte dann: «*Das* ist kein Grund.»
Der Mythos lehrt uns, daß eine Frau in diesem Lebensab-

schnitt nicht unterschiedslos Gutes tun darf. Besonders ist es nicht zulässig, kollektiv wohltätig zu sein. Der Grund liegt darin, daß der vierte Test alle Energie und Kraft eines Menschen beansprucht.

Idealerweise durchläuft eine Frau ihre Aufgaben der persönlichen Entfaltung Schritt für Schritt, und sie nimmt das stärkende Gefühl einer erfolgreich gelösten Aufgabe in sich auf, was ihr bei der Erfüllung der nächsten Aufgabe helfen kann. In der Praxis freilich läuft das nicht so glatt ab. Wir bekommen die Aufgaben vermischt angeboten, alle vier Stadien wirken unterschiedslos auf uns ein. Möglicherweise sollte man nicht einmal etwas über die vierte Stufe wissen, ehe man nicht aus Notwendigkeit in sie hineingezogen wird. Andererseits könnte man aber schon versuchen, etwas daran herumzuknabbern, oder beginnen, sie ein wenig in Angriff zu nehmen.

Für diese vierte Stufe gibt es aber kein «mal ein bißchen davon versuchen». Daran hielt C. G. Jung eisern fest. Er sagte: «Wenn man eine Analyse nicht ganz durchzieht, soll man gar nicht erst damit beginnen.» Die große unterirdische Reise anzutreten, die Nachtmeerfahrt, bedeutet, daß man bereit sein muß, sie wirklich durchzuführen. Der Fährmann ist auf seine Gebühr angewiesen. Ein gewisses Maß an Energie muß man dazu haben, vorher muß genügend Energie gespeichert werden, damit man es sich zutrauen kann, den Styx-Fluß zu überqueren und wieder zurückzukommen.

Psyche muß auch «nein» sagen, wenn es darum geht, am Schicksal mitzuspinnen. Welche Frau kann schon der Gelegenheit widerstehen, am Spinnen des Schicksals der Welt teilzunehmen, besonders am überpersönlichen Weben des Lebensgeflechtes ihrer Kinder, das sie unangetastet lassen sollte? Eine Mutter glaubt, ihr Kind führen zu sollen, und in gewisser Beziehung ist das auch richtig so. In anderer Hinsicht sind es jedoch nicht nur ihre Kinder, es sind Kinder des Lebens. Ihre eigene Entwicklung sollte eine Mutter nicht aufhalten, um am Schicksal ihrer Kinder teilzunehmen. Sie nützt den Kindern mehr, wenn sie sich ihrem eigenen Schicksal zuwendet.

Psyche wandelt weiter durch die Unterwelt. Man hatte ihr aufgetragen, in der Unterwelt nicht sehr viel zu sich zu nehmen. Daran erinnert sich Psyche, als Persephone ein Festmahl geben will, sie lehnt ab. Sie ißt nur Brot und trinkt Wasser. Hier ist eine starke Assoziation. In den meisten Kulturen bedeutet die Einnahme einer Mahlzeit an einem Ort eine dauernde Beziehung mit ihm, mit der Familie oder mit der Situation herzustellen. Wo man ißt, gehört man irgendwie dazu. Deshalb ißt in Indien ein Brahmane niemals im Hause einer niedrigeren Kaste: es würde ihn dorthin binden.

Psyche gelingt es, den Napf mit der Schönheitssalbe zu erhalten, und sie kommt aus der Unterwelt wieder heraus, indem sie dem Hund Cerberus das andere Stück Weizenbrot zuwirft und ungesehen vorbeischlüpft. Sie trifft den Fährmann wieder, zahlt die zweite Münze für die Überfahrt und kehrt zurück.

Psyche bringt den Napf mit der Schönheitssalbe auf die Oberfläche der Erde; nach all diesen Anfechtungen und Schwierigkeiten. Dann macht sie cinen eigenartigen und dummen Schritt. Plötzlich wird sie von dem Gedanken beherrscht, wenn diese Salbe schon so kostbar für Aphrodite ist, warum sollte sie dann nicht auch für sie gut sein? Sie öffnet daher den Topf. Aber nicht Schönheit, sondern ein tödlicher Schlaf quillt daraus hervor und überfällt sie. Psyche fällt wie tot zu Boden.

Wir wollen die Geschichte hier zu Ende bringen, obwohl

wir auf diesen Punkt noch einmal zurückkommen müssen. Als dies sich nämlich abspielt, wittert oder hört Eros davon, daß seine Geliebte in Gefahr ist. Er fliegt zu Psyche, wischt ihr den Schlaf fort, stopft ihn in den Napf zurück, macht den Deckel zu, nimmt Psyche auf seine Arme und trägt sie in den Olymp. Eros redet mit Zeus, der zustimmt, daß man Psyche zur Göttin machen soll. Auch Aphrodite erhebt keine Einwände. Anscheinend ist sie zufrieden. So werden Eros und Psyche denn vermählt, sie schenkt einem Mädchen das Leben, das sie «Vergnügen» nennen.[1]

---

[1] Anm. d. Ü.: Johnson schreibt: pleasure, gemeint ist voluptas = Göttin der Lust, Wollust.

13

Welchen Reim können wir uns darauf machen, daß Psyche den Topf mit der Schönheitssalbe geöffnet hat, nachdem sie bis dahin alles so tapfer hinter sich brachte?
Die Schönheitssalbe mag die Sorge einer Frau um ihre Schönheit oder Attraktivität widergeben, den Zusammenhang mit dem körperlichen Begehrtwerden. Man kann es quer durch die Geschichte verfolgen, wie wichtig das für eine Frau ist, heute wie eh und je. Eine Frau verwendet einen großen Teil ihrer Zeit auf ihr Haar und ihre Kosmetik. Das männliche Geschlecht kann das niemals verstehen.
Der Wahn unserer Gesellschaft mit der ewigen Jugend ist zu einem großen Teil der Wunsch nach Persephones Schönheitssalbe. Es gibt Frauen, die den Topf geöffnet haben und sich damit für wirkliche Beziehungen unfähig machten, indem sie sich zu sehr um Äußerlichkeiten kümmerten. Denn eine aufgetakelte Frau steht außerhalb jeder Beziehung. Sie trägt eine Maske. Manchmal unternehmen solche Frauen den Versuch, wirklich zu gefallen und kehren dabei ihren inneren Eros in dieser äußeren Form hervor, dabei verlieren sie dann viel von ihrem natürlichen weiblichen Charme.
Psyches Schlaf ist wie ein endgültiger Zusammenbruch. Es ist der überfällige Schlaf des Todes, der ihr anfangs vom Orakel geweissagt wurde, den Eros jedoch verzögerte, indem er sie in einen schönen Garten entführte. Der psychische Tod als Übergang von einer Entwicklungsstufe zu einer anderen ist ein gemeinsames Symbol in Mythen *und* Träumen. Der alte Mensch stirbt, und man nimmt ein neues Leben an.

Anfangs war Psyche ein liebliches, unschuldiges, weibliches Wesen. Um neues Wachstum und um neues Leben zu erlangen, verlangten das Orakel und ihre notwendige Entwicklung, ihrer mädchenhaften, vielleicht narzißtischen Sorge um ihre eigene Schönheit, Unschuld und Reinheit gegenüber zu sterben und sich in ein komplexes Leben zu begeben unter Einbeziehung auch ihrer dunklen und häßlichen Seiten, aber auch all ihrer eigenen Möglichkeiten.

Wer hätte das nun freilich besser verstehen können als Persephone, zu der Psyche wegen der Schönheitssalbe geschickt wurde? Die Persephone der Mythen war anfangs selbst eine schöne und unschuldige Frau, jung wie Psyche, voller Jugend und Frühlingsfrische. Sie war besorgt um ihre Schönheit, und gerade diese Sorge brachte sie um ihre Unschuld und trieb sie in ihre Schicksalsrolle hinein. Durch eine wundervolle Blume, die Narzisse, fiel sie in einen schlafähnlichen Traum. Die Blume hatte Zeus eigens für diesen Zweck geschaffen, sie wegzulocken von ihren Freunden, so daß Hades, der Gott der Unterwelt, sie aufgreifen und in die Unterwelt entführen konnte, um sie dort zu seiner Frau zu machen. Nach diesem Raub der Persephone durch Hades und nach der langen Suche und Trauer um sie durch ihre Mutter Demeter, erlaubte Zeus schließlich der Persephone, einmal im Jahr, im Frühling, aus der Unterwelt zurückzukehren.

Persephone hat ihre Erfahrung mit der Schönheit gemacht, mit ihrem Wert und – mit ihren Kosten. Jedes Jahr im Frühling und im Sommer brachte sie sie auf die Erde, und sie sah die Schönheit sterben mit dem ersten Hauch des Frostes, wenn sie wieder in die Unterwelt hinabglitt. Ja, sie kannte die Zerbrechlichkeit und den Wert von Schönheit jeglicher Art.

Und so ging denn Psyche zu Persephone, zu ihr in ihrer letzten Prüfung gesandt. Zu wem sonst hätte die schöne, junge Psyche sonst geschickt werden sollen, als es darum ging, ihrer jungfräulichen, frühbesetzten Sorge ihres eigenen Narzißmus, ihrer eigenen Schönheit zu sterben, ihren Narzißmus, ihre Selbst-Liebe, die sie von ihrer weiteren Entwicklung und von ihren Mitmenschen trennte, aufzugeben?

Psyche hat sich durch drei Prüfungen geschlagen, wobei ihr in jeder zunehmend mehr an vollem und bewußtem Selbstverständnis zugewachsen ist. Schließlich steht sie der Aufgabe der Selbstverwirklichung, der Ganzheit, der Vollendung gegenüber. Dies erforderte den tiefen Sturz in die Unterwelt, ins Unbewußte, und das konnte erst versucht werden, nachdem sie genug Kontrolle gewonnen hatte, um bewußt daran zu arbeiten.

Es ist eigenartig, daß Psyche, nachdem sie in der Tiefe ihres eigenen Unbewußten die Wurzel ihres Problems gefunden hatte, in ihr früheres Bewußtsein zurückfallen, die Dose öffnen und nun einen symbolischen Tod sterben sollte. Wenn sie versucht, die Schönheitssalbe zu behalten und zu verwenden – das ist das alte Bewußtsein –, dann wirkt das tödlich auf sie.

Doch der Tod erweist sich in diesem Mythos, wie in den meisten anderen Mythen, nur als ein Schlaf. Denn der animus, in seiner richtigen Dimension im Innern des Olymps, besitzt die Fähigkeit, das Ego zu retten und Psyche erneut zu neuem Leben auf einer neuen Ebene ihrer Existenz zu wecken. Ego und animus gehen nun eine reine, vollständige Verbindung miteinander ein. Sie ist eine Königin. Die Frucht dieser Verbindung ist für sie Vergnügen und Ekstase, Ganzheit und Göttlichkeit.

Wir sind mit Psyches Todesschlaf aber noch nicht ganz fertig. Vermutlich gehören Fehlschlag wie Erfolg zu jedem Leben, damit es ganz wird. Was für eine unerträgliche Person wäre Psyche geblieben, wenn sie alles perfekt, ohne Rückschlag geschafft hätte! Der Fehlschlag erinnert sie daran, daß sie menschlich ist, und er erinnert uns an die Notwendigkeit eines Rückschlages in jedem Wachstum.

Psyches Schlaf erinnert auch an den Todesschlaf Christi im Grab oder an Jona im Bauch des Fisches. Dies ist der tiefe Schlaf, der große Tod, der große Zusammenbruch vor dem endgültigen Sieg.

Wir sind alle darauf getrimmt, anzunehmen, daß Fortschritt jedenfalls Erfolg bedeutet. Es muß jedoch auch das Gegenteil davon geben. John Sanford spricht häufig über den Unterschied zwischen Vollkommenheit und Vollständigkeit. Der Vollständigkeit wegen, die den Rückschlag auch umfaßt, mußte Psyche hier am Ende ihrer Reise einen Fehler machen. Wir haben alle unsere Schatten, die uns aber oft in kritischen Augenblicken retten.

Als Psyche die Dose öffnet, befindet sich darin keine Schönheitssalbe, nur der Todesschlaf ist drin. Vielleicht hatte Psyche zu sehr ihr Äußeres ins Spiel gebracht, zu sehr eine Fassade zur Schau gestellt.

Jetzt bedeutet Schönheit den Tod für sie.

Am Ende des Mythos rettet Eros Psyche; so ist die Rettung für sie ein Geschenk der Ganzheit, ein Geschenk, das nicht erworben werden kann, sondern das von den Göttern vergeben wird. Man kann durchaus annehmen, daß Eros es war, der Psyche die ganze Zeit gestärkt hatte. Es ist Eros als animus, der als Ente, als Schilfrohr, als Adler und als Turm erschien. Wenn man dies ganz als die Geschichte einer Frau ansieht, so ist Eros der einer Frau eigene innere animus, der gestärkt wird, der geheilt wird, der aus seinen jungenhaften, lügnerischen Eigenheiten herausgebracht und der in einen reifen Mann verwandelt wird, der würdig ist, ihr Ehepartner zu sein. Dies alles geschieht durch ihre Mühe und durch seine Mitarbeit. Er erlöst sie dafür.

Es ist eine wunderschöne Beobachtung, daß irgendein anscheinend unüberwindbares Problem sich gelöst hat, ruhig, während man mit praktischen Dingen beschäftigt war. Es gibt die persische Geschichte eines jungen Mannes, der in die Berge stieg, eine Höhle fand und hineinkletterte. Er fand eine sehr wertvolle Perle in der Höhle, die sich jedoch in den Klauen eines so unüberwindbaren Drachen befand, daß er einsehen mußte, daß es keine Möglichkeit gab, die Perle zu bekommen. Traurig ging er von dannen und versöhnte sich mit dem gewöhnlichen Leben, das ihm öde erschien, nachdem er einmal die Perle gesehen hatte. Er heiratete, gründete eine Familie, arbeitete und dann, im Alter, als die Kinder außer Haus waren, sagte er: «Ehe ich sterbe, werde ich hingehen und die Perle erneut betrachten.» Er fand den Weg zurück, sah in der Höhle nach, und da war die Perle, schön wie eh; der Drache jedoch war fast auf ein Nichts zusammengeschrumpft. Er hob die Perle auf und nahm sie mit. Sein ganzes Leben lang hatte er den Drachen in allen praktischen Dingen des Lebens seiner alltäglichen Existenz bezwungen.

Der Name von Psyches Kind, als es geboren ward, wird mit «Vergnügen» übersetzt. Ich habe das Gefühl, es wäre besser, Freude oder Ekstase zu sagen. Wenn eine Frau endlich ihre volle Entwicklung erreicht und dabei auch ihre eigene Göttlichkeit entdeckt, schenkt sie einem Element des Vergnügens, der Freude oder der Ekstase das Leben.

Ich glaube, die krönende Leistung der Weiblichkeit liegt möglicherweise darin, Freude, Ekstase, Vergnügen ins Leben bringen zu können. Ein Mann schätzt eine Frau um so mehr, wenn und weil sie eben über diese Kraft verfügt. Männer al-

lein können für sich diese Ekstase ohne Hilfe des weiblichen Elementes nicht finden, so finden sie sie entweder in einer äußeren Frau oder – in ihrer eigenen inneren Frau. Freude jedenfalls ist ein Geschenk aus dem Herzen einer Frau.
Es ist äußerste Auszeichnung und Entwicklung einer Frau, Spender von Freude zu sein. Im Zen-Buddhismus gibt es eine Tradition, die die zehn Bilder der Ochsenherde genannt wird. Auf ihnen wird die Entwicklung eines Mannes als Folge von Begegnungen mit einem Ochsen oder mit einem Stier vorgeführt. Viele Künstler haben versucht, die Lebensreise eines Mannes, seine geistige Entwicklung, auf diese einfallsreiche Weise darzustellen. Auf dem ersten Bild sucht der Mann seinen verlorenen Ochsen (Instinkt, kräftige Natur); auf dem zweiten findet er die Spuren des Ochsen; auf dem dritten sieht er dann den Ochsen; auf dem vierten Bild ergreift er das widerspenstige Tier; auf dem fünften führt er die jetzt zahm gewordene Kreatur. Auf dem sechsten Bild sitzt der Ochse dann auf seinem Hinterteil; das siebte zeigt den Mann beim Meditieren ohne Ochsen; auf dem achten sind weder der Ochse noch der Mann zu sehen; auf dem neunten ist der Mann zu Ruhe und Frieden zurückgekehrt. Auf dem zehnten Bild ist ein erhabener Moment ausgedrückt, indem der Mann, nunmehr zur Einsicht gelangt, einen Pfad entlangschreitet, und zwar auf ganz gewöhnliche Weise, in gewöhnlichen Kleidern, mit nichts, was ihn von irgendeinem anderen Bauern unterscheiden könnte. Freude und Glanz folgen ihm jedoch nach, und alle Bäume beginnen zu blühen, wenn er vorübergeht.
Ich meine, dies entspricht dem glücklichen Endzustand einer zur Persönlichkeit gereiften Frau. Sie hat und sie ist eine verehrungswürdige Vision. Die Frucht all ihrer Mühen heißt Freude und Verklärung.

Anhang

LITERATURHINWEISE

Grundlagenliteratur

Neumann, Erich, Amor und Psyche. Eine tiefenpsychologische Deutung. Mit dem Text des Märchens von Apuleius, Walter, Olten 1971

Hinzugezogene Werke

de Castillejo, Irene C., Die Töchter der Penelope. Elemente des Weiblichen, Walter, Olten 1979

Grinell, Robert, Alchemy In A Modern Woman, Spring Publications, Zürich

Harding, M. Esther, Der Weg der Frau. Eine psychologische Deutung. Mit einer Einleitung von C. G. Jung, Rhein, Zürich 1939

– Frauen-Mysterien, einst und jetzt, mit einem Geleitwort von C. G. Jung, Rascher, Zürich 1949

Layard, John, The Virgin Archetyp, Spring Publications, Zürich

Lewis, Clive Staples, Till We Have Faces, William B. Eerdmans Publishing Co., Grand Rapids 1956

– Du selbst bist die Antwort, Salzburg 1953

von Franz, Marie-Louise, Das Weibliche im Märchen, Bonz, Stuttgart 1977

Weaver, Rix, The Old Wise Woman, G. P. Putnam's Sons, New York

ÜBERSETZERNOTIZ

Die besonderen Schwierigkeiten der Übersetzung der beiden kleinen, mit Hinweisen, versteckten Anspielungen und mythischen Bezügen vollgepackten Bücher von Robert A. Johnson waren zweifacher Natur. Einmal mußte ein Stil der Übertragung gefunden werden – eine herkömmliche Übersetzung verbot sich schon deshalb, weil Johnson schon verkürzte englische Ausdrucksweisen stilistisch weiter zusammenzog –, der den Begriffen und Bildern der durch Carl Gustav Jung geprägten Anschauungen gerecht wurde. So erhalten einige Begriffe einen zusätzlichen, doppelten Sinn; fair maiden zum Beispiel bedeutet an der Sprachoberfläche die hübsche junge Frau, in der Jungschen Psychologie hingegen das unberührt Weibliche – auch im Manne. Der unberührte Tor ist ähnlich zu verstehen. Gemeint ist das unberührt Gebliebene, das Ein-fältige (in der Neurose etwa), zu dem Kontakt aufzunehmen Johnson immer wieder empfiehlt. Mit anderen Worten und Ausdrücken ging es ähnlich. Über ihren landläufigen sprachlichen Sinn hinaus besitzen sie einen die Seele betreffenden Sinn.

Etwas leichtsinnig gehen Amerikaner mit den Worten psychology und mythology um. Sie meinen die wissenschaftlichen Einsichten in das seelische Leben und den psychischen Prozeß selbst; ebenso setzen sie meist den Mythos mit der Kenntnis des Mythos gleich. Nach Möglichkeit habe ich versucht – dem Gehalt des Textes folgend – eine Unterscheidung vorzunehmen.

Die zweite grundlegende Schwierigkeit bestand darin, daß in Deutschland die Grals-Erzählung fast ausschließlich in der Fassung des Wolfram von Eschenbach bekannt ist, die einige kräftige «germanische» Züge aufweist, in der Wortwahl, wie auch im Ablauf der Handlung, die der romanischen Welt fremd sind. So tritt auch die Vorstellung in der deutschen Fassung kräftiger hervor, daß Parsifal ein nachahmenswerter Held sei (während er in Wirklichkeit eher ein gebranntes Kind ist, das sich neu zu orientieren sucht). Unsere gymnasiale Bildung führt dazu, in der Grals-Erzählung eher die frühe Form eines mittelalterlichen Supermannes, denn einen auf Suche befindlichen Gebrochenen zu erkennen. Die romanische Fassung – mit einigen angelsächsischen Elementen angereichert – vermittelt ein tieferes Bild: das eines um seine Selbstfindung ringenden Mannes. Solange Parsifal auf dem Wege ist, der zugleich das Ziel darstellt – eine Vorstellung, die in unserer auf meßbare Leistungen eingestellten Gesellschaft nur schwer

Platz greift –, ist die Grals-Erzählung ebenso wie die Legende von Amor und Psyche, in ihren Tiefen zugleich die Beschreibung eines doppelgesichtigen, also eines auch bisexuellen Zustandes im Menschen. Frühere Jahrhunderte scheinen zumindest in der Anlage ihrer mythischen Überlieferungen einen freieren, wenn auch häufig in der Gestalt eines Mythos verborgenen Umgang mit dieser Problematik gehabt zu haben. Mindestens aber waren sie in der Lage, die Botschaft vom gespaltenen Menschen zu formulieren und weiterzugeben.

Bei allen Bemühungen war eine Reihe von Sätzen nicht zu übersetzen, sie mußten analog zum deutschen Sprach- und Leseverständnis ins Deutsche übertragen werden. Der Übersetzer sah seine Aufgabe nicht darin, sich in die Diskussion über kontroverse, mindestens aber mehrdeutige Auslegungen der Mythologie hineinzustellen. Das zeigt sich unter anderem bei der Vorstellung vom goldenen Vlies in der Erzählung Amor und Psyche, die ihrerseits nur ein Ausschnitt ist aus der «Der goldene Esel» genannten Rahmenhandlung des Apuleius. Es mußte die Aufgabe des Übersetzers sein, durch seine Sprache deutlich zu machen, daß das vorliegende Buch aus einem gegenüber dem deutschen anders geformten und sinnverstehenden Kulturkreis kommt. Das sollte spürbar bleiben.

Meinem Kollegen, Herrn Dr. Werner Habermeyer, Diplom-Dolmetscher, danke ich für seine tatkräftige Mithilfe, besonders für den Teil Amor und Psyche. Sein reicher englischer Wortschatz und seine Kenntnis der Syntax haben wesentlich zum Gelingen der Übersetzung beigetragen. Nicht nur fachliche Anregungen erhielt der Übersetzer von Herrn Helmut Remmler, München.

Nach der nochmaligen Lektüre des Ganzen fallen mir unvermittelt die Verse ein:

> Begrüße die Bilder,
> sie gingen voran,
> und andere folgen,
> so fort und fortan.

München, im Sommer 1980   Dr. Lutz Köllner

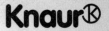

Taschenbücher

Esoterik

**Aeppli, Ernst:
Der Traum und seine Deutung**
416 S. Band 4116

**Arnold, Paul:
Das Totenbuch der Maya**
256 S. mit 8 Abb.
Band 4121

**Blumrich, J. F.:
Kásskara und die sieben Welten**
Die Geschichte der Menschheit in der Überlieferung der Hopi-Indianer.
400 S. mit 24 Abb.
Band 4135

**Bernstein, Morey:
Protokoll einer Wiedergeburt**
288 S. Band 4114

**Brunton, Paul:
Von Yogis, Magiern und Fakiren**
368 S. mit 12 S. Tafeln.
Band 4113

**Cerminara, Gina Dr.:
Erregende Zeugnisse von Karma und Wiedergeburt**
288 S. Band 4111

**Dee, Nerys:
Schicksalsdeutung aus den Karten**
Kartenlegen kann Lebenshilfe im besten Sinne des Wortes bieten. Nerys Dee beschreibt für jeden verständlich die gebräuchlichsten Legesysteme.
192 S. mit zahlr. Abb.
Band 4137

Der Eingeweihte:
Impressionen einer großen Seele.
252 S. Band 4133

**Delacour, Jean-Baptiste:
Aus dem Jenseits zurück**
143 S. Band 4103

**Deshimaru-Roshi, Taisen:
Zen in den Kampfkünsten Japans**
Deshimaru-Roshi demonstriert, wie die Kampfkünste zu Methoden geistiger Vervollkommnung werden.
192 S. mit 19 s/w-Abb.
Band 4130

**Dowman, Keith:
Der heilige Narr**
224 S. mit 1 Karte
Band 4122

**Faraday, Ann:
Die positive Kraft der Träume**
267 S. Band 4119

**Ferguson, Marilyn:
Die sanfte Verschwörung**
Persönliche und gesellschaftliche Transformation im Zeitalter des Wassermanns. Mit einem Vorwort von Fritjof Capra.
528 S. Band 4123

**Ford, Arthur:
Bericht vom Leben nach dem Tode**
240 S. Band 3636

**Hagl, Siegfried:
Die Apokalypse als Hoffnung**
432 S. Band 4118

**Keller, Werner:
Was gestern noch als Wunder galt**
432 S. mit 115 Abb.
Band 3436

**Kirchner, Georg:
Pendel und Wünschelrute**
Handbuch der modernen Radiästhesie.
336 S. mit 50 s/w-Abb.
Band 4127

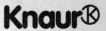

Taschenbücher

Esoterik

**Koechlin de Bizemont, Dorothée:
Karma-Astrologie**
Das Horoskop als Spiegel vergangener Leben. Die Karma-Astrologie setzt dort ein, wo die normale Astrologie aufhört: bei jenen Leben, die vor dem jetzigen liegen. Die Erfahrung unserer früheren Leben spiegelt sich in unserem Geburtshoroskop wider. Welche Erkenntnisse wir daraus gewinnen können, vermittelt dieses Buch.
368 S. mit zahlr. Abb.
Band 4131

**Mangoldt, Ursula von:
Schicksal in der Hand**
256 S. mit 72 Abb.
Band 4104

**Meyrink, Gustav:
Das grüne Gesicht**
224 S. Band 4110

**Meyrink, Gustav:
Der Engel vom westlichen Fenster**
Dieses tiefgründige Werk zeigt Meyrink noch einmal auf dem Höhepunkt seiner einzigartigen Kunst kühner Phantastik.
576 S. Band 4125

**Musashi, Miyamoto:
Das Buch der fünf Ringe**
Eine klassische Anleitung zur Strategie – ein exzellentes Destillat der fernöstlichen Philosophien. Es kann auch Ihr Leben verändern!
144 S. Band 4129

**Pollack, Rachel:
Tarot – 78 Stufen der Weisheit**
Rachel Pollack gelingt hier eine geniale Synthese zwischen der Vermittlung tiefenpsychologischen Wissens und dessen praktischer Handhabung bei der Lösung von Konflikten.
400 S. mit 100 Abb.
Band 4132

**Rajneesh, Bhagwan Shree:
Komm und folge mir**
360 S. mit zahlr. Abb.
Band 4120

**Ram Dass:
Schrot für die Mühle**
200 S. Band 4117

**Rawson, Philip:
Tantra**
192 S. mit 198 z. T. farb. Abb. Band 3663

**Rawson, Philip und Laszlo Legeza:
Tao**
184 S. mit 202 Abb.
Band 3673

**Ropp, Robert S. de:
Das Meisterspiel**
288 S. mit 17 Zeichn.
Band 4109

**Ryzl, Dr. Milan:
Parapsychologie**
256 S. Band 4106

**Sakoian, Frances und Louis S. Acker:
Das große Lehrbuch der Astrologie**
560 S. Band 7607

**Shah, Idries:
Wege des Lernens**
336 S. Band 4144

**Stearn, Jess:
Der schlafende Prophet**
Prophezeiungen in Trance (1911–1998).
304 S. Band 4124

**Stelter, Alfred:
PSI-Heilung**
352 S. Band 4115

**Sugrue, Thomas:
Edgar Cayce**
448 S. Band 4107

**Timms, Moira:
Zeiger der Apokalypse**
288 S. mit 24 Zeichn. und Fotos. Band 4108

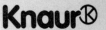

Taschenbücher

Rat & Tat

**Angermeier,
Wilhelm Franz:
Psychologie für den
Alltag**
336 S., zahlr. Abb.
Band 3753

**Britt, Inge:
Allein erziehen**
160 S. Band 7675

**Kopmeyer, M. R.:
Persönlichkeits-
bildung**
So werden Sie, was
Sie sein möchten – in
80 instruktiven
Kapiteln.
304 S. Band 7683

**Kopmeyer, M. R.:
Wohlstandsbildung**
So werden Sie reich
und wohlhabend.
Kopmeyer zeigt zahl-
reiche Möglichkeiten
auf, wie man ziel-
gerichtet handeln
kann, um reich zu
werden.
304 S. Band 7684

**Kopmeyer, M. R.:
Wunscherfüllung**
So bekommen Sie, was
Sie sich wünschen.
Verhaltensweisen und
für jedermann anwend-
bare Techniken, auf-
grund deren man
bekommt, was man
sich wünscht.
304 S. Band 7685

**Kopmeyer, M. R.:
Lebenserfolg**
So gelangen Sie an
Ihre Ziele. Die meisten
Menschen verfolgen in
ihrem Leben ein oder
mehrere Ziele. Doch
wie sie diese Ziele
erreichen können,
überlassen sie oft mehr
oder weniger dem
Zufall. Dieses Buch
motiviert jeden, sein
Leben neu zu ent-
decken und seine Ziele
dynamisch zu verfol-
gen und zu erreichen.
288 S. Band 7682

**Kubelka, Susanna:
Ich fange noch
mal an**
Glück und Erfolg in
der zweiten Karriere.
Dieses Buch ist für alle
geschrieben, die sich
nicht mit vorgege-
benen Lebensformen
begnügen wollen.
208 S. Band 7663

**Pohle, Barbara:
Selbst ist die Frau**
Ein praktischer
Ratgeber für alle
Frauen, die Repara-
turen selbst in die
Hand nehmen wollen.
160 S. mit zahlr. Abb.
Band 7669

**Schönberger,
Margit/Höhne,
Anita:
Wir sind rund –
na und?**
Ein Plädoyer für die
mollige Frau.
Zwei Frauen mit soge-
nannten Figurproble-
men zeigen mit
Charme und Sachver-
stand den Weg zu einer
neuen Selbstein-
schätzung.
240 S. Band 7664

**Sheehy, Gail:
Neue Wege wagen**
Ungewöhnliche
Lösungen für
gewöhnliche Krisen.
740 S. Band 3734